AF342990

CHARLES VALAT (Henry Daguerches)

Candidat à la Délégation de l'Annam.

(Election du 2 mars 1924).

L'Indochine actuelle

et son Avenir

UNE CRITIQUE
UN PROGRAMME

HANOI-HAIPHONG

Imprimerie d'Extrème-Orient

1924

CHARLES VALAT (Henry Daguerches)

Candidat à la Délégation de l'Annam.

(Election du 2 mars 1924).

———

L'Indochine actuelle

 et son Avenir

———

UNE CRITIQUE
UN PROGRAMME

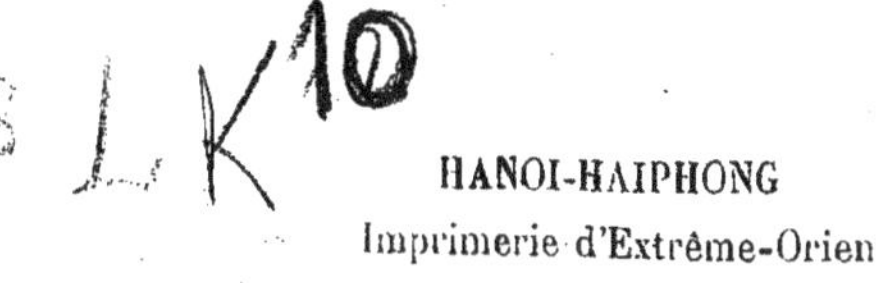

HANOI-HAIPHONG

Imprimerie d'Extrême-Orient

—

1924

Aux Electeurs de l'Annam.

Hommage de l'Auteur.

Ces pages furent écrites en cinq jours et, pour ainsi dire, d'un trait, sitôt que fut prise ma résolution de disputer à M. de Monpezat un honneur fondé sur votre confiance. Leur documentation n'en est pas moins solide, étant celle dont je m'étais fourni, par une patiente recherche, pour mes polémiques cochinchinoises. Mais il est bien évident que le lecteur relèvera mainte négligence de rédaction. Je le prie par avance d'en excuser l'auteur et de s'attacher de préférence au développement de sa pensée, qui s'est efforcée de rester claire, précise et logiquement enchaînée.

L'Indochine actuelle

ET

SON AVENIR

Messieurs,

En m'offrant à l'honneur d'être votre délégué au Conseil supérieur des Colonies, je désire de prime abord écarter tout malentendu sur le « pourquoi » de ma candidature. Votre suffrage je ne le sollicite pas comme un témoignage de votre sympathie d'homme privé, pour si précieuse que je la tienne à conquérir. Mais je souhaite de toute mon âme que vous lui donniez, sans hésiter, la portée d'une adhésion délibérée aux idées que j'ai défendues dans la presse indochinoise, aux idées dont ma résolution inébranlable est de porter le débat devant une France ignorante ou dupée, débat âpre, véhément, scandaleux, s'il le faut, mais, de jour en jour, plus nécessaire — heureux si l'autorité de votre délégation donne à ma voix résonance plus grondante et donc chance meilleure d'être écoutée.

De ces idées, je vais m'efforcer de reproduire ici l'enchaînement essentiel. J'y ajouterai verbalement, devant vos divers groupes, tous développements ou éclaircissements qui me seront demandés. Pour ceux d'entre vous que je n'aurai pu, par force majeure, joindre avant le 2 mars, qu'ils veuillent bien tenir compte et de la singularité géographique de cette circonscription électorale, l'Annam, et de la modestie de mes moyens matériels d'action, transport compris.

Mais qu'ils tiennent pour assuré que, le cas échéant, leur délégué ne quittera pas d'Indochine sans les avoir « tous » vus, n'arrêtera pas ses cahiers des revendications sans avoir recueilli de la bouche de chacun ses désiderata particuliers. C'est pour ceux-là principalement que j'écris ces pages ; c'est à ceux-là que je demande le plus instamment de juger sur pièces et de trouver, dans un exposé qui serait long, si la matière elle-même n'était surabondante, les raisons réfléchies de leur vote.

PREMIÈRE PARTIE

La critique.

La politique anti-française. — Sous les fleurs menteuses des discours officiels, l'Indochine traverse un péril mortel. Ce péril, c'est la diminution *systématique* de l'œuvre libre française, des énergies individuelles françaises, ambitieuses, et légitimement ambitieuses, de trouver leur champ d'action en Indochine, des virilités indépendantes rêvant d'implanter, d'enraciner, de faire fructifier, sous le ciel indochinois, un rameau vigoureux de la souche française. Il est épouvantable d'avoir à constater que le nombre des Français définitivement installés ou même simplement résidant en Indochine au début de 1924 est à peine égal, s'il n'est pas inférieur, à ce qu'il était au lendemain de l'armistice.

J'ai écrit diminution systématique. C'est qu'en effet, cet amoindrissement, cette décapitation de l'œuvre française fut systématique, délibérée, concertée. Elle fut le fruit de la politique ANTI-FRANÇAISE des gouvernements de l'Indochine à partir de M. Long.

Dénoncer solennellement à la France cette politique anti-française dans la première de ses colonies, cette politique qu'on lui a cachée — car jamais on n'aurait osé énoncer publiquement la prétendue doctrine coloniale en vertu de laquelle on l'appliquait — voilà ce que je considère à l'heure présente comme le premier devoir de tout élu des Français d'Indochine.

Ce qui est pire, c'est que les motifs secrets qui ont fait glisser vers l'erreur doctrinale sont plus répréhensibles encore que l'erreur elle-même. Là-aussi il faut dénoncer impitoyablement ; là aussi il faut avoir le courage des mots durs, précis, brutaux, il faut oser écrire : « La politique anti-française est née de l'esprit d'autocratisme de ces César au petit pied, les gouverneurs généraux Long et Baudoin, de leur haine inavouée contre tout Français en posture d'homme libre, de leur dépit contre le scandale de cette silhouette verticale sur la route aux mille palmes couchées où roulait, dans un nuage glorieux, le char du moderne Tétrarque ».

Comment est née la politique anti-française ? Voici. Une politique indigène erronée lui servit de prétexte initial (1).

---

(1) Nulle part autant qu'en Annam les répercussions anti-françaises de cette erreur n'éclatèrent avec évidence.

Une politique indigène erronée. — M. Sarraut, comme plus d'un politicien, doit son exceptionnelle fortune à un mensonge. Le mensonge, ce fut le nationalisme annamite. Il est bon de rappeler que M. Sarraut, au moment de l'affaire des bombes, était le premier à protester de l'inconsistance du nationalisme annamite. Mais, pendant la guerre, la légende s'établit. Elle mettait autour du crâne du député de l'Aude une auréole de Père du Peuple des Giao-chi, dont le prestige avait détourné de la France, déjà bien empêtrée chez elle, les pires complications d'outre-mer. Auréole ou couronne, ce sont objets dont un simple mortel fût-il (2), radical anti-clérical, est toujours disposé à se laisser orner le chef. Le prince d'Annam laissa dire et laissa faire. Malheureusement, le mensonge est, comme on sait, une machine de gouvernement aux engrenages redoutables. Entraîné par eux, on en vint à créer de toutes pièces l'imaginaire, à matérialiser le fantôme. Pour les besoins de la politique, ce nationalisme annamite inexistant, ou d'une existence quasi nébuleuse, à l'instar du Dieu de Voltaire, il a fallu l'inventer. Et ce Dieu de fabrication moderne, ce Dieu inventé *ad. majorem sarrauticam gloriam*, ce dieu drapé dans la dalmatique des principes de 89, risque, si l'on n'y met bon ordre, de devenir un fort méchant diable, un beaucoup plus dangereux seigneur que la vieille idole bouddho-confucéenne aux moustaches en poils de tigre.

Mais où l'affaire prit une exceptionnelle gravité, ce fut au tour plus audacieux encore que lui donna M. Long. Ce fut lorsque M. Long, tourmenté à la fois par son tempérament de despote et par la mégalomanie morbide de toutes ses conceptions, transforma ce qui n'était qu'une politique annamitophile, discutable dans certaines de ses applications, mais juste et bonne en son principe, en une doctrine coloniale dont l'aboutissement — et d'ailleurs le point de départ secret — fut la politique anti-française.

Des Annamites nul n'était plus méprisant que M. Long. Jamais les palais gubernatoriaux ne virent s'agiter sous leurs plafonds Béotien plus fermé aux inventions charmantes de l'art asiatique. L'harmonie mesurée et si prenante des paysages d'Annam, les tombeaux d'Hué, la noble adaptation d'une pagode à son site, tout cela restait pour lui lettre morte. Mais cet homme, qui ne savait pas un mot de l'histoire de ce pays, se forgea de ses destinées futures la conception la plus erronée et la plus pernicieuse qui puisse être.

La théorie, la doctrine de M. Long, c'était l'exclusion, à délai plus ou moins rapproché, des Français d'Indochine. Pour lui, l'avenir de l'Indochine c'était tout uniment, tout uniquement, la modernisation, la mise au diapason moderne, par un maître accordeur de sa virtuosité, d'une nation un peu vieillotte, mais solide encore dans l'unité de ses cadres (!!), mais riche de bon vouloir, mais regorgeante d'antiques réserves de valeur et d'énergie : la nation annamite. Le rôle de la

---

(2) Il est vrai que M. Sarraut n'est plus radical, tout en l'étant encore, sans l'être tout à fait. Il est vrai aussi que les obus boches sur la cathédrale de Reims démolirent, pour un temps, la vogue de l'anti-cléricalisme.

France ? Fournir à ces débutants, à ces mineurs politiques, les précepteurs en démocratie qui les mèneront, le plus vite possible, à la majorité, à l'émancipation intégrale, à la bride sur le cou, au *self goyernement*. Après quoi, bonsoir, messieurs ! Que nos vœux vous accompagnent ! En somme, et sans le dire, l'assimilation d'un jeune Annam à quelque Japon ou mieux à quelque Siam, doté *d'advisers* français, sous l'espèce de quelques hauts fonctionnaires, de plus en plus rares — Boudhas réfugiés sur l'Ararat — mais de plus en plus hauts, de plus en plus suréminents, de plus en plus fuligineusement encensés et grassement honorés, au fur et à mesure que la marée jaune submergeante se hausse elle-même de niveau.

Les prémisses posées, tout s'enchaîne, logiquement, inéluctablement.

L'exclusion des Français. — De problème indochinois il est donc bien entendu qu'il en est qu'un : les rapports de l'Administration avec le peuple annamite. Le Français libre, le Français qui n'est pas membre de l'Administration, devient un fâcheux, un intrus, une inconnue encombrante, suspecte, du problème. Par surcroît, c'est un rouspéteur. Ou s'il ne rouspète pas, il est capable de rouspéter ; il a, par atavisme, le gros os d'échine insolemment raide. Crime impardonnable devant ces sages à la Baudoin, au menton desquels l'impériale est tout un programme, ou devant ce démocrate de Valence qne rien ne démangeait comme d'entendre la voix des flatteurs trouver à sa hippe de paysan madré un pli altier de médaille proconsulaire. Tout s'enchaîne, vous dis-je.

Mesures significatives. — C'est le refus de l'abondement des pensions de guerre et de retraite, avec cette explication officielle au réfus que les vieux coloniaux, alléchés par cette aubaine, prendraient leur retraite dans la colonie ! Eh ! quoi, bonnes gens, vous aviez cru jusqu'ici que le fondement le plus ferme, selon tous les livres, de la colonisation était précisément le vétéran, le retraité ! Monsieur Long vous a changé tout cela.

Et d'ailleurs nous ne faisons pas ici de la colonisation française, nous faisons de la « siamisation ».

C'est le licenciement brutal des contractuels avec cette aggravation significative, avec ce couteau sur la gorge, d'une prime payée seulement au quai de réembarquement. C'est le sapement de l'édifice administratif par le bas, sous couleur d'y introduire progressivement le moëllon annamite. C'est l'insidieuse formule : pas de prolétariat blanc en Indochine, ce prolétariat qu'on flagorne en France et dont on rougit, passé les mers. Pourquoi ? Il y a place ici, pour l'élément français, à tous les échafaudages de la besogne sociale, et je dis plus, il est nécessaire que cette place soit prise. Nous tous qui connaissons bien le peuple annamite et qui, tel qu'il est, l'aimons d'un cœur sincère, nous savons qu'il est plus facile d'aller y chercher un futur ingénieur en chef des T. P. qu'un contrôleur de voiture publique qui rapporte intégralement sa recettte. C'est à vous de faire que cette situation du prolétaire soit plus douce, moins humilidé, que dans la vieille métropole. Et n'est-ce pas précisément l'objet des pays neufs? Voyez l'Australie, où la fille d'un gouverneur, vicomte anglais, épouse un prolétaire et vit à l'aise, en tout honneur et décorum, dans le cottage de son beau-père le mécanicien.

Pas de prolétariat blanc! Je soutiens qu'un brave garçon peut vivre, en maints endroits de l'Annam et du Tonkin, honorablement, gentiment, avec sa compagne, pour cent cinquante piastres par mois, vivre et, du surcroît, élever de la marmaille (1). Il apprendra de sa compagne, si elle est indigène, le prix d'une sapèque et conformera sa nourriture et ses plaisirs aux us de sa belle-famille. Où est le mal? J'ai connu nombre de soldats pour qui, après la bourlingue, ce programme de vie simplette et paisible, à l'ombre des bambous, résumait tout le bonheur palpable sous le calotte céleste. Précisément grâce aux soldes nouvelles, ils avaient commencé de le réaliser, dès la caserne. Ce que le capitaine Bernard demandait pour eux, il y a vingt-deux ans, ce qui apparaissait naguère comme l'utopie chimérique et passablement scandaleuse d'un esprit téméraire — et pourtant, depuis des lustres, mise en pratique à Java — était devenu chez nous ausssi la vérité du jour, la vérité pratique, prosaïque et, ô miracle, morale! Ces enfants perdus avaient chez eux, leur gîte, leur home et une affection pour les y attendre. Et la douceur de ces biens, beaucoup plus sûrement que les homélies ou que les trente jours de prison dont huit de cellule, les arrachait au bouge, au bistro, à la morne déambulation nocturne, à l'alcool, torpide et meurtrier. Et voilà que l'autorité militaire, par ordre supérieur, brisait impitoyablement le rêve, refusait à ces malheureux, bons ouvriers de métier, leur libération dans la colonie (2). La formule, la sinistre formule, pas de prolétariat blanc!

Pas de prolétariat blanc! Mais c'est par ces humbles que se fera l'initiation de la masse indigène, que s'accomplira la transfusion de la sève nouvelle, cette circulation lente qui, selon le rythme de l'édifice vivant, selon la loi de croissance de l'arbre, chemine de bas en haut, monte des racines nourricières vers le somptueux feuillage! Mais, vous, de quelle bâtisse inerte et monstrueusement composite rêvez-vous! Avec votre plèbe indigène, votre coolie, votre dân, maintenu plus strictement dans l'antique armature de son oppression, de son ignorance, de sa misère, et avec vos fils de famille roulant auto et dégustant *la Vie Parisienne*! Avec vos murs de pisé et de cai-phens, où vous prétendez accrocher les cariatides pompeuses et la coupole de fer d'une pseudo-civilisation (3).

---

(1) A condition toutefois qu'on lui donne en Indochine même le moyen de les instruire.

(2) On m'assure qu'il y a, dans ces derniers temps, quelque adoucissement à ce régime l'interdiction de séjour. Acceptons-en la promesse.

(3) La querelle n'est pas d'aujourd'hui. Il y avait au XVIIIe siècle, les propriétaires de grandes plantations, les actionnaires des factoreries, des compagnies comme celle des Indes ; qu'on appelait les Américains et qui se pavanaient volontiers à Versailles ; et il y avait ceux qu'on nommait petits Blancs, qui naissaient, vivaient et se reproduisaient aux îles. C'est pour avoir sacrifié les Petits Blancs que la France perdit ses colonies, en particulier St Domingue.

Faut-il d'autres faits encore ? Qui, autour de soi, peut-être pour son compte, n'a vu dix comptes certains de ce parti-pris de la haute administration, de ce rechignement à l'entr'aide, de cette satisfaction ricaneuse devant l'échec, de ces traquenards mis sous les pieds du naïf solliciteur, de ces refus obstinés de tendre une perche moins grosse qu'un porte-plume, et pour terminer, de cette invite formelle au départ ? Ce sont les fins de non-recevoir presque injurieuses, jusqu'à prendre la forme d'un conseil ironique de malthusianisme, essuyées par la Ligue des Pères de famille et qui provoquent ses protestations légitimement indignées.

C'est l'interdition des congés administratifs dans le pays. C'est l'incroyable circulaire de ces derniers jours qui exclut de l'indemnité de réinstallation LES FONCTIONNAIRES PRENANT LEUR RETRAITE DANS LA COLONIE — fussent-ils en service à Saigon et retraités à Hanoi ! C'est la diminution de 50 % de la remise aux débitants d'opium, aussitôt que des débits viennent d'être concédés à des veuves françaises, pour qui l'aumône aux généreuses apparences n'est devenue qu'une sanglante duperie. C'est le régime outrancier du tâcheronnage indigène dans les entreprises de travaux publics. Qn'importent les malfaçons flagrantes, les sabotages, les vols, les acoquinements immoraux avec les parents et amis du personnel de la surveillance ! Le Gouvernement de l'Indochine poursuit sa besogne de « vacuum cleaner » de la poussière française.

Est-il nécessaire de continuer ? Chacun, qui n'est pas aveugle, est édifié depuis longtemps sur ce chapitre. Encore était-il opportun, je crois, que tout ceci soit rappelé, que tout ceci soit jeté d'un coup, claquant comme un soufflet, décisif comme d'un merlin (1), à la face des responsables. Et puisque le principal est mort, puisque le Destin n'a pas voulu permettre que M. Long touchât pour la troisième fois la terre indochinoise, paix à ses cendres, soit ! Mais, pour le salut de l'œuvre, que soit du moins brisée la stèle menteuse où sa mémoire est, par ses complices, glorifiée !

Le mensonge indochinois. — Une chose déconcertera les futurs historiens de l'Indochine. Comment, par quel sortilège, les méfaits d'une si évidente aberration purent-ils aussi longtemps se prolonger ? Comment se peut-il qu'il ait fallu tant d'excès impudents et tant de ruines — pour que les cœurs enfin sursautent, pour que les intelligences peu à peu s'illuminent ?

C'est que M. Long fut le metteur en scène, d'une infernale adresse, du boom, du bluff le plus formidable auquel une entreprise lointaine ait jamais donné prétexte. A l'abri, derrière ce nuage artificieux, derrière ce vaste poudroiement d'or — dont nos caisses faisaient les frais — prestigieusement interposé entre la France et nous, il poursuivit sans contrôle les desseins de son humeur despotique et de son ambition surchauffée.

(1) Acceptons-en l'augure !

Étant, comme tous les despotes, un grand corrupteur, un maître habile, et se complaisant à cette habileté, dans l'art détestable de dissoudre les énergies, d'amollir les caractères, d'enchaîner les indépendances, il a fait fleurir ici, d'autre part, dans toute sa vilaine beauté, s'il ne l'institua pas complètement (1), le RÉGIME DE COUR.

J'ai analysé ailleurs (2) la psychologie de l'homme et la structure de l'œuvre, où sa psychologie se reflète, partout cimentée de mensonge, d'égotisme impérieux, de gloriole morbide. Il me suffira de toucher ici à quelques points capitaux de cette analyse.

Le bluff financier. — Le bluff de l'œuvre financière d'abord. Nous a-t-on — ses flatteurs et lui-même — assez rebattu les oreilles du génie de ce grand argentier ? Nous savons, n'est-ce pas ? que l'édifice, que la pagode étincelante qu'il revendiqua d'avoir dressée sur notre sol, s'énorgueillit surtout de ces deux poutres maîtresses, de ces deux colonnes d'angle, de ces deux pilastres en piles de piastres : le compte spécial et l'emprunt.

Le compte spécial mit, c'est un fait, quelques dizaines de millions de francs dans nos caisses de réserve. Mais dans quelles conditions ! Cet argent fut tout crûment le gain d'une spéculation, d'un jeu, dont les fonds publics fournissaient la mise. M. Long émit des billets, encaissa leur montant par l'intermédiaire de sa commission des changes créée ad hoc et négligea d'acheter en contre-partie leur couverture métallique : il attendit la baisse de l'argent. C'était simple, aussi simple que de ponter sur la rouge ou sur la noire à la roulette de Monaco, et à coup sûr inédit dans l'histoire de la finance publique. Par chance, la baisse vint.... Et si c'eût été la hausse ! M. Long, vous expliqueront ses apologistes, ne pouvait pas perdre. N'avait-il pas son flair, et son étoile ? Oui-dà, et sans doute aussi la griffe de sa tigresse pour fétiche.

Mais le comble fut que cet administrateur moderne style de la fortune publique, durant qu'il n'achetait pas ses barres d'argent, n'acheta pas davantage pour ses billets, pour les billets de son établissement bancaire d'État, une couverture métallique jaune. Ce qui, en cas de hausse de l'argent, lui laissait au moins la porte de retraite de l'institution d'une piastre or, selon les suggestions de son prédécesseur. Mais acheter de l'or, c'était précisément imiter ce qu'on venait de condamner bruyamment chez ce prédécesseur. Et le remploi des effets commerciaux reçus de la Commission des changes, en paiement, des billets émis, fut effectué.... oui, au lendemain de

---

(1) M. Sarraut, hélas ! n'est point sans péché.
C'est bien sous le sceptre de ce démocrate, enivré, comme un gosse, de jouer au potentat dans un pays de féerie, que ce fâcheux air de cour commença d'envelopper les palais du mandataire de la République. Et si le méphitisme, en ce temps-là, était plus hilarant que vraiment toxique, il n'en est pas moins vrai qu'*Alberto regnante*, le sérail avoisinait un peu trop la chambre du Conseil.
(2) Dans le *Bilan d'un Règne* paru en partie dans le journal la *Vérité*.

la guerre, au temps que le crédit de la France chancelait sous les attaques sournoises que l'on sait, la fortune officielle de l'Indochine, les fonds publics de la première colonie française furent placés, par la volonté formelle du Gouverneur général Long, en papier de la coulisse new-yorkaise, en titres divers du trust yankee, l'*Équitable* !

N'omettons le processus du « battage » qui a précédé et accompagné l'opération, et où se peint la « manière » d'un médiocre parlementaire promu financier d'État. M. Long a besoin d'argent ; il a besoin d'argent pour subvenir aux besoins secrets d'une mégalomanie ambitieuse, pour nourrir la coûteuse publicité qui chatouille sa gloriole ; il a besoin d'un argent qui ne soit pas celui des ressources ordinaires, trop surveillé, trop contrôlé celui-là, trop happé strictement par la machine budgétaire, d'un argent « spécial », qui soit entre ses doigts comme le sien. Fatalement, il pense au jeu, à la spéculation. Et l'enchaînement des mesures maquillées commence. On proclame « orbi et urbi » le désastreux état de nos finances, ce qui est un mensonge — un mensonge injurieux pour leur précédent administrateur, à qui la discipline coud la bouche. Usant de ce mensonge, on décrète le cours forcé qui ne rime à rien, comme la suite le prouva, mais qui va permettre enfin l'émission à découvert. Ainsi en sera-t-il jusqu'au bout du règne. Mensonge, réclame personnelle, jonglerie des deniers publics, s'entortillent inextricablement pour tramer la toile de fond. La Parque a coupé le fil, au moment qu'allaient commencer d'apparaître, en criardes broderies, les scandaleux contrats des sociétés d'affairistes.

Quant au second fleuron de la couronne, quant à l'emprunt, le moins qu'on en puisse dire, c'est qu'il fut une absurdité. Une absurdité, parce qu'il est absurde d'emprunter six millions de piastres, pour l'exécution de travaux publics, l'année même où l'on dispose à son budget de plus de dix millions de piastres de crédits non employés. Que diriez-vous d'un particulier qui verserait à la banque ses économies en compte-courant à 1 %, pour courir emprunter, à la banque voisine, la même somme à 7 % ? Vous le doteriez sans doute, s'il dépendait de vous, d'un conseil judiciaire.

Une absurdité encore, par la disproportion existant entre le chiffre de l'emprunt, et celui des dépenses qu'on prétendait couvrir par cet emprunt. Vous n'avez pas oublié ce superbe programme ; il y en avait pour tout le monde, Cochinchine comprise. On eût dit que tout le sol de l'Union allait se parer de ponts, voies ferrées... etc. — par quelque miracle financier comparable à celui de la multiplication évangélique des petits pains. Les initiés souriaient, qui savaient que la seule commande des fers pour les ouvrages du tronçon Vinh-Dongha, absorbait déjà plus de quatre millions de piastres !

Mais l'emprunt ne fut pas seulement absurde, il faut immoral ; et par son immoralité même, il conduisit en outre à une très grave faute de politique indigène, encore qu'on ait pris soin de clamer qu'il était, en cette partie, un brillant tour de force. Il fut immoral, parce qu'il prit en maints endroits, pour l'éternel minable dân, la figure d'un impôt surérogatoire. Une très notable partie des souscriptions, près de la moitié, autant que j'ai pu savoir, en Annam et au Tonkin, furent, en effet, des souscriptions collectives (1). Souscription collective, on sait ce que cela veut dire. Cela veut dire un tour de vis de plus donné par le mandarin à la machine geignante qui fait suinter ou gicler la dîme. Que le mandarin, par surcroît, reçoive titres et honneurs à proportion de la vigueur de son tour de vis, on imagine où cela peut conduire à l'égard de la grappe administrative honorée, elle, d'être sous le pressoir. Des milliers et des milliers de distinctions diverses, plaques, appellations mandarinales, etc.... furent, comme on sait, la récompense des souscripteurs, zélés, particuliers ou chefs de collectivités.

On vit des gouverneurs, des résidents supérieurs marchander personnellement, par ordre supérieur, avec de notoires fripouilles, le tarif d'un brevet de tri-huyên honoraire, d'un droit à la carte de visite jaune, à la plume de paon bleue au croupion, etc. Si ce n'est pas là proprement ce qui s'appelle la vente des honneurs par le pouvoir, je ne sais plus le sens des mots. Et cette immoralité de tous les temps s'aggravait des circonstances de l'époque qu'on traversait : un lendemain de guerre, un achèvement de jours troubles où l'enrichissement des particuliers était considéré, par tout l'Univers, comme exactement le contraire de ce qui méritait une flatteuse distinction (2).

J'ai dit que cette immoralité nous conduisit à une grave faute politique. Vous n'ignorez pas à quoi je fais allusion : à cette ordonnance royale, où Sa Majesté d'Hué rédigeait la promesse de ce flot d'honneurs pour les riches, d'une encre si bien teintée de rouerie asiatique que les Cochinchinois s'y lisaient être devenus sujets du royaume. M. Pasquier (3) sourit astucieusement et M. Cognacq, gouverneur de la Cochinchine, colonie française, se confondit en remerciements. Mieux, pour récompenser Sa Majesté de ce coup de pied si délicatement ajusté au dos de la République, on s'empressa d'arrêter le bateau pour la montrer à ses nouveaux sujets saigonnais. J'imagine que, ce jour-là, les os de M. de La Grandière durent s'entre-choquer sous leurs six pieds de terre. Comme les sottises, plus vite que les souris, s'engendrent l'une l'autre, cela nous valait peu après le projet d'annexion du Tonkin, cette fois, par le souverain du Sud Pacifié. Ce fut, vous le savez, M. Perreau-Pradier, troisième étoile filante de l'illustre constellation parlementaire qui vint illuminer, le temps d'un éclair, notre ciel, ce fut ce député de... — ma foi j'ai oublié de quelles urnes il sortit — qui se sortit de la caboche cette opportunité

---

(1) Parmi celles-ci, il faut signaler, comme relevant non plus l'immoral mais de l'absurde, les souscriptions des budgets communaux en Cochinchine.

(2) M. Sarraut, il est vrai, nous a montré qu'il était d'une autre opinion.

(3) Rien ne porte mieux témoignage de ce vent d'aberration qui souffle dans les hautes sphères que l'attitude de M. Pasquier, homme subtil, s'il en fut, et j'imagine, cœur de républicain sincère. Que le Résident Supérieur de l'Annam se soit senti par contre-coup flatté de cette façon de suprématie politique que revendiquait son « pays », c'est humain. Ainsi les généraux trouvent toutes sortes de bonnes raisons militaires à ce qui augmente l'importance de leur commandement. Mais l'idée que l'importance vraie des pays de l'Union était mesurée par l'importance de leur élément français n'a pas même effleuré son esprit. Et c'est cela qui est significatif.

historique, l'année et, je me plais à penser, le jour même du cinquantenaire de la mort de Francis Garnier — de Francis Garnier qui bouta les mandarins annamites hors du Tonkin avec dix-sept Français, cent-vingt-huit Chinois et, on l'a peut-être un peu trop oublié, trois millions de Tonkinois !

Je m'excuse de ce crochet — il ne laissait point d'avoir son utilité — et je reviens en vol d'abeille à mon discours.

Mises par terre les deux colonnes — l'emprunt et le compte spécial — du pompeux monument, l'œuvre financière durable, hélas ! de M. Long se résume en trois mots : vie chère, gabegie.

La vie chère. — M. Long créa ici volontairement, délibérément la vie chère, la vie chère vraie, la vie chère en piastres. M. Long, il ne s'en cachait pas, croyait, pour le monde nouveau d'après-guerre, au renchérissement universel du coût de la vie ; il croyait à un exhaussement mondial de l'échelle des valeurs, où la vieille Europe se mettrait au niveau américain, où le gold dollar remplacerait le franc comme barreau unitaire. La montée en soufflé au fromage des cours de l'argent l'englua dans cette illusion. En favorisant l'augmentation des soldes, et en particulier des soldes indigènes (1), il croyait faire un coup de maître, donnant, au bénéfice de sa popularité, l'apparence d'une largesse à ce qui n'était, dans son idée, qu'une anticipation de quelques mois sur une nécessité de l'avenir.

M. Long s'est lourdement trompé. Les prix en or de toutes les marchandises sont dans le monde entier, en dépit de la surcharge des impôts, à peu près ceux d'avant-guerre, quand ils ne sont pas inférieurs. Seules les mercuriales indochinoises poursuivent gaillardement leur ascension.

Cette erreur, nous avons le droit de l'appeler crime et d'en demander un compte sévère à sa mémoire. Crime, parce qu'il n'y fut pas poussé seulement par le zèle pour une théorie économique erronée. Il se plaisait, par tempérament de joueur et d'épateur — lui qui pressait la commission monétaire pour l'adoption d'une piastre à cinq francs, sœur orgueilleuse du roi-dollar — aux gros chiffres, aux prix forts, aux additions impressionnantes. Il se mouvait avec ivresse, moitié auto-suggestion de son propre bluff, moitié démence pure de mégalomane, dans je ne sais quel rêve enfantin d'un Saigon où, pour un doigt de gin, l'or aurait tinté sur le plateau du bar comme aux beaux jours des placers de Frisco, dans je ne sais quelle évocation affolante d'une capitale, sa capitale, disputant aux grandes cités sud-américaines le record des appointements fabuleux pour la nurse ou

---

(1) Faut-il rappeler que l'augmentation des soldes indigènes fut décidée contre l'avis de tous les chefs de service, à l'exception d'un seul M. Lancou-Barème, que nous entendîmes de nos oreilles compter au budget de ses plantons le pousse-pousse biquotidien ? Faut-il rappeler que le lendemain même de sa promulgation, tous les vivres, au marché d'Hanoi, montaient 20 °/° ?

le sommelier. Lui, l'homme du compte spécial, il fallait l'entendre railler publiquement la minceur de nos budgets et l'insignifiance de nos dettes. Car il parlait publiquement, il débitait *coram populo* sans gêne aucune, ces folies. Mais on ne voulait pas entendre ; ou ceux qui entendaient trop bien devraient aller porter leurs oreilles sous d'autres cieux, comme il advint à tel inspecteur des finances au nom de fleur.

Crime encore, ou si l'on veut, stupéfiante inconséquence, parce qu'au temps même que ce Gouverneur général faisait la vie chère dans la première des colonies françaises, son ministre tablait mirifiquement à la tribune de la Chambre sur la production à bas prix des matières et denrées coloniales. Oui, ainsi va le monde parlementaire. M. Long mettait la cloison étanche entre les deux niveaux, le français et l'indochinois, du coût de l'existence. Et c'était l'époque où M. Sarraut développait le magistral programme des colonies-comptoirs, comportant, comme on sait, la main-d'œuvre indigène, pour ainsi parler, à l'œil, le coton, la café, le sucre et le riz, autant dire à rien. Ne vous embarrassez pas pour si peu que cette contradiction : Quand ces augures se rencontraient sur la Canebière, au sortir de l'Exposition de Marseille, non seulement ils se regardaient sans rire, mais ils échangeaient gravement le chêne et le laurier, la casse et le séné.

Crime enfin, parce que dans l'inconscience de la crise dépensière, dans l'épidémie de gloriole et de vanité qui faisait tache d'huile autour de cette folie centrale des grandeurs, dans le vertige de la danse des millions, se déchaîna la plus scandaleuse, la plus effarante gabegie dont notre histoire coloniale ait à garder le souvenir. Comme à tous les joueurs heureux, l'argent des maîtres de l'Indochine leur brûlait les doigts.

La gabegie. — Vous rappelez-vous ces jours incroyables où, par chaque courrier, débarquait en mission (?) quelque beau monsieur ou quelque belle dame, quelque scribe attaché à telle page des annales du règne, tel héraut de publicité aux joues gagées pour souffler dans les trompettes de la Renommée le los du grand Sire. Tout ce beau monde, comme il sied, nourri, logé, voituré, non pas aux frais du Sire mais à ceux de la princese Indochine... Où chaque cargo vomissait sur l'embarcadère le monstre dernier-né de l'industrie automobile, lorgné au stand selet par M. le Chef de service, au cours de sa récente villégiature parisienne — les soucis de cet achat n'étaient-ils pas pour légitimer amplement le prix de son voyage semestriel, le maintien de sa solde coloniale et l'addition de quelques menues indemnités ?... Où, steamers et trains spéciaux ne suffisaient pas à contenir le personnel d'une cour frappée de manie ambulatoire — ainsi jadis le Sire à la perruque ; mais, en méchant carosse doré, il n'allait guère que de Versailles à Marly. Il est vrai qu'en plus du journaliste appointé, du cinéphotographe officiel, de l'automobile *up to date*, le navire nous apportait un article émouvant de la grande presse parisienne — pauvres canetons indochinois, qui tachez à joindre les deux bouts, en quel mépris vous tenait-on ! Et notre émoi, notre admiration devenait de l'extase quand le hasard — ou quelque bévue d'un serviteur trop zélé — nous révélait le prix marchand de cette prose dorée. Gabegie, gabegie, monotone refrain, trop véridique, des courageuses bouches indépendantes et que les officieuses elles-mêmes, sous la contrainte de la clameur publique, étaient parfois obligées d'entonner (1) !

Est-il besoin de reprendre l'interminable liste : de la Folie-Baudoin, le Bokhor, trois millions six cent mille piastres, à la baignoire d'argent, au piano électrique, aux peintures grattées avant que sèches pour s'assortir au teint de la nouvelle occupante ? En passant par le garage Robin, par les immeubles achetés hors de prix pour loger des parents et amis qui n'ont pas droit au logement, par les autos multipliées dans les hangars gubernatoriaux, à croire qu'elles y font des petits, et bousillées dans des équipées de gamins ? Et sans doute il y a là dedans quelques dépenses somptuaires qui, en d'autres temps, pourraient passer pour vétilles, appeler un froncement de sourcils du contrôle financier, puis l'éponge (2). Oui, mais nous vivons en un temps où toute vaine dépense, si minime soit-elle, est une faute grave, où la dilapidation de la moindre parcelle d'une fortune nationale durement obérée mérite un dur châtiment. Ce qui déconcerte — et indigne — c'est que pas un de ces coupables ne paraît s'en être douté. Etaient-ils donc vraiment au centre de leur tourbillon doré, si loin de la France qu'ils n'aient pas compris, qu'ils n'aient pas senti que leur folle prodigalité était une dérision de sa détresse, une insulte à sa sainte misère. Mais ce sont ces mêmes hommes qui, devant les humbles, se font un front de marbre, posent au Caton, coupent en deux l'indemnité de déplacement d'un journalier, démontrant à un malheureux mutilé de guerre rapatrié, la poche aussi vide que sa manche, qu'un billet de vingt piastres lui ouvre large et brillant le porche d'une vie nouvelle (3) !

Née avec la vie chère et du même père, la gabegie fit croître et embellir la vie chère. Dans la course à l'abîme, elle fut l'accélérateur. Les odes qui célèbrent (4), les lampions qui brûlent, les autos qui roulent, les Parisiens qui se promènent en Indochine, et les Indochinois qui se promènent à Paris, cela coûte. La paresseuse insouciance d'une Administration qui, par les temps de crise des loyers, multiplie le nombre des fonctionnaires urbains, et avec les fonctionnaires

---

(1) M. de Monpezat et M. Dandolo me font rire. Ils dénoncent la gabegie et le triste état de nos finances. Mais, à le lire, tout cela nous est tombé de la vue. Comment pourraient-ils nommer le responsable : leur grand, leur cher, leur général protecteur et ami, M. Long.

(2) N'empêche qu'il n'y avait pas le vingtième de ce total dans le fameux rapport Châtelain sur lequel Pelletan, correligionnaire politique de M. Long, brandit la massue sur la vieille marine !

(3) Authentique en Cochinchine.

(4) C'est à M. Long qu'on doit l'inédit paradoxal de l'alimentation de la *publicité* par les fonds *secrets*. Jusqu'à lui, ils se partageaient en fonds de secours et fonds pour le service de la Sûreté. Un des premiers actes de son gouvernement fut d'augmenter de vingt mille piastres la quotité de ces fonds qui restait entre ses mains. L'emprunt, bien entendu — et ce fut un des motifs vrais de cette absurdité — entraînait la création d'un budget spécial de publicité pour son émission.

urbains les immeubles officiels, même quand ils ne sont pas tous destinés à loger des fonctionnaires (1), mais qui se garde de mettre une auge de mortier à la construction d'un seul immeuble, qui préfère acheter à des compères, à des heureux du « régime de cour » des bicoques au prix fort — cela se paie. Les appointements, les abondements, les trimballements, les hébergements, les médicaments du chœur des Pindare ou des Homère de la Mauriciade, ce n'est pas le chorège qui en solde la note, c'est toujours la bonne princesse Indochine. Et ce monde-là pousse à la vie chère, des deux roues. Car il nous fait en définitive plus d'un quarteron de personnages, pour qui la piastre ne coûte pas cher à dépenser, ne coûtant pas cher à gagner, un lot de seigneurs qui, comme disent les sages ménagères, gâtent les prix.

L'augmentation des impôts. — A ce train là, le compte spécial ne pouvait longtemps suffire. Il flamba comme feu de paille — et la Banque Industrielle pour son compte y laissait un joli tas de cendres. Il fallut, bon gré mal gré, en venir, pour garnir les poches de tous ces gaillards, à l'éternelle méthode, à l'application de la poche aspirante sur le fond de nos poches à nous. Et du jour au lendemain les patentes sont triplées (2), les taxes sont quadruplées ; les dernières menues franchises ou quasi-franchises, tabac, allumettes, alcools, etc.. qui étaient comme nos primes de réengagement dans la vie coloniale, passent au bleu. Le fisc, en moins de temps qu'il n'en faut pour le dire, nous dresse un édifice (pardonne, ô Willy) d'autant plus imposant que nous en sommes les imposés. On comprime à bloc, on pressure jusqu'à la dernière goutte le citron des ressources budgétaires, comme si, en vérité, l'Indochine avait des plaies à panser, des ruines à restaurer, des dommages de guerre à réparer ! On comprime à bloc, pour que le jus aille se faire lécher sur les doigts des seigneurs de la gabegie ; et l'on se vante, comme d'une méritoire acrobatie, d'avoir épuisé d'avance toutes les possibilités de l'avenir (3) ! Les circonstances pour l'Indochine sont normales ; la folie qui souffle en haut gonfle seule un budget anormal. Ces dilapidateurs ne laisseront pas même derrière eux un monument durable de pierre ou de fer qui plaide leur cause ; mais, par leur voix, l'Indochine, qui a mené le quadrille d'honneur de la bamboula marseillaise, se dérobe au plus sacré devoir, ferme l'oreille à l'appel de la France qui rougit de se dire pauvre devant ses filles si bien dotées, rechigne, ô

---

(1) La mission Candelier, le personnel de la S. F. R., le journaliste de Tessan, etc...

(2) Un notable commerçant saigonnais, qui d'ailleurs vient de fermer boutique, nous a montré ses livres de compte. La sienne, en quatre ans, aurait passé de 1 à 16 !

(3) Et cela continue — pourquoi pas, puisque-M. Robin est toujours là ? Et nous voilà au 30 % d'augmentation des impôts indiènes en Aanam, qui nous vaut cette nouvelle fielleuse manifestation écrite des sentiments de Sa Majesté — l'ordonnance du 23 nov. 1923 ! Mais qu'y pouvait répondre M. Robin ?

honte ! à payer, pour les dépenses de sa propre sauvegarde, une quote-part qui n'est pas même, en piastres, celle de l'avant-guerre !

Et moi je songe à ces colonies anglaises, comme la Nigeria, qui n'attendaient pas le deuxième jour de la paix pour assumer, *proprio motu*, leur annuité d'amortissement de la dette commune !

Les maîtres de la fortune indochinoise ont envisagé autrement les devoirs de l'heure.

Plastronner devant la galérie métropolitaine, esbrouffer, singer les nouveaux riches, tout ensemble, se donner les gants d'avoir été les animateurs, les créateurs de cette prospérité rutilante et, sans vergogne, mêler sa propre réclame à celle, coûteuse et tapageuse, sans laquelle, selon eux, elle ne pouvait se soutenir : tel fut le jeu où ils se complurent. Prospérité oblige, disaient-ils, et, pour rabattre l'or de France vers nous, ces singuliers racoleurs jetaient le nôtre par les fenêtres.

La fausse présentation de la prospérité indochinoise et ses conséquences. — Seulement à leurs dires se mêlait un énorme mensonge. De mensonge toute l'œuvre de M. Long en est infesté ; il est temps de nettoyer l'histoire. Mais le mensonge de la prospérité indochinoise réclame, entre tous, un démaquillage énergique. Ses conséquences, comme nous l'allons montrer, furent lourdes, multiples et, aujourd'hui encore, restent grosses de menaces.

Il serait absurde de nier que l'Indochine, et particulièrement la Cochinchine, ait connu, juste au sortir de la guerre, une passe heureuse. C'est le seul point commun entre les affirmations officielles et les réalités. Tout le reste fut présenté, expliqué, interprété, à contre-pied de la marche réelle des faits.

Et d'abord nous entendîmes parler, avec ahurissement, d'une Indochine victime de la guerre, d'une Indochine se débattant dans les embarras et les crises des peuples meurtris par la guerre. Alors que les colonies anglaises, comme nous le disions plus haut, réclamaient fièrement leur part du fardeau familial, l'Indochine, au lieu de bander ses énergies devant ce vieil exemple, geignait dans les conseils de la République et, pour un peu, réclamait sa part avec privilège des réparations. Cette comédie-là, les neutres nous l'ont jouée. Et l'Indochine, dont la position économique avait été celle d'un neutre, l'Indochine où des fortunes s'étaient élevées sur le mercantilisme le plus bas, n'aurait pas dû la jouer. Elle n'eût point d'ailleurs osé la jouer, si elle n'y avait trouvé l'encouragement officiel, si elle n'avait, ô surprise, entendu se mêler, au chœur hésitant des lamentations, la voix puissante de son gouverneur général, Maurice Long. Celui-ci, comme maint vésanique, disposait d'un redoutable pouvoir d'hypocrisie, employait à la dissimulation les ressources d'une perçante lucidité. En bon disciple de Machiavel, il comprit d'emblée combien l'accréditement de ce mensonge servirait et les intérêts de sa gloriole et ceux d'une politique qui compte au premier rang tant de ses moyens que de ses fins l'abaissement des caractères.

En faisant chorus avec les profiteurs indochinois de la guerre, en écartant de leurs bureaux le spectre de l'impôt sur les bénéfices, en mettant leurs poitrines, alors un peu honteuses et plus volontiers rentrantes que bombées, à l'ombre ranimante de la Croix, il savait qu'il s'assurait, pour de longs jours, et leur servilité et, par juste échange, le tribut intarissable de leurs louanges. De son point de vue, il avait bien calculé puisque l'Indochine donna, sous son règne, le spectacle d'un aveulissement, d'une courtisanerie sans exemple dans son histoire. Elle dira, l'histoire, cette vierge froide aux yeux clairs, que le fier esprit civique des Saigonnais, par exemple, ce vieil *ong kop* qui fut la terreur de tant de Gouverneurs généraux, Long et Sarraut — car n'oublions jamais ce qui revient à Cesar — le mirent en laisse avec quelques mètres d'un ruban de soie rouge.

Puis vint 1919-1920. Pour l'Indochine, le songe exceptionnel de la vache grasse, le concours miraculeux des faveurs du Ciel, cette coïncidence des opportunités multiples qui, dans le cas d'un individu, font dire de lui qu'il a eu « sa chance ». Cette chance qui ne repasse pas plus que la déesse Occasion, mais qui, à la différence de celle-ci, vient droit sur vous et vous met d'elle-même, d'un coup, toute sa perruque dans la main.

Dans la chance de l'Indochine, deux opportunités comptèrent : la hausse de l'argent qui triplait le capital des Indochinois, sans qu'ils aient mieux à faire qu'à le laisser dormir, et la bonne récolte de riz alors qu'il y avait famine aux Indes, récolte médiocre chez nos rivaux ordinaires, et besoins pressants un peu partout.

Il y a peu d'espoir que l'on revoit l'argent à 60 et plus. Il n'y faudrait pas moins qu'un nouveau cataclysme mondial. Quant au rendement de l'exportation des riz, il faut bien retenir qu'il ne fut pas dû seulement aux circonstances heureuses — et renouvelables — de la pénurie environnante. Les prix énormes qui furent atteints le furent parce que toute organisation commerciale sérieuse avait disparu du fait de la guerre, chez nos acheteurs, parce que les signataires des marchés étaient de ces organismes administratifs de fortune, éclos de la guerre, et dont tous les pays ont été à même d'apprécier les capacités. Il est peu vraisemblable que, même avec un contingentement (1), et même avec une disette universelle, les vendeurs puissent espérer rencontrer à nouveau acheteurs de si bonne composition.

Ces gains de 1919 n'étaient donc, en réalité, que la dernière tranche dorée du profitage de guerre. La lueur n'était qu'une flambée, un feu d'artifice; déjà en 1920 la rafale de baisse en dispersait les suprêmes étincelles. Mais cet éclat éphémère, la tactique de mensonge imposa à M. Long et à ses acolytes de le saluer comme l'œuvre des temps nouveaux. La

---

(1) Il faudrait en finir avec les légendes du contingentement. Avaient, certes, le droit de protester violemment contre des arrêtés juridiquement indéfendables, les négociants exclus. Mais il faut être M. de Monpezat pour taxer véhémentement d'anti-patriotisme, comme il la fit au cours de sa campagne électorale de 1920, les exportateurs de riz de Cochinchine, parce qu'ils avaient vendu, comme c'était le devoir de leur métier, le riz cochinchinois le plus cher possible aux Japonais et aux Anglais !

prospérité fabuleuse de l'Indochine jaillie des ruines de la guerre au souffle sauveur du magicien de la Drôme — ainsi le baobab pousse à vue d'œil sous le mouchoir du fakir — tel fut le thème de la cantate. Tous la chantèrent, tous battirent la mesure, Outrey, qui réclamait d'avoir soufflé aussi sur le baobab, comme Guesde (1), de Tessan comme de Pouvourville, le « Temps » de Paris comme « l'Impartial » de Saigon, le Comité cyclone comme l'Agence typhon (2).

Même s'il vise à des airs politiques de bourrage de crânes, le mensonge ne peut que servir à gagner du temps, selon la formule de Poil de Carotte. Tôt ou tard, le cerceau de papier est crevé ; la vérité justicière entre en piste ; mais les suites funestes du mensonge sont en croupe derrière elle. La légende fallacieuse du « placer » indochinois nous valut ce trio d'aubaines : une ostentation exaspérée, un méphitisme plus épais du régime de cour : l'arrivée dans nos eaux d'une bande de requineaux alléchés par l'odeur de la riche cambuse ; pour finir, et par revirement fatal de l'opinion métropolitaine revenue de son mirage, cette épée de Damoclés suspendue — la réduction des soldes.

Le régime de cour.

Le régime de cour. — Qu'est-ce que le régime de cour ? Il est plus facile peut-être de sentir les méfaits de l'institution que de la définir. On peut pourtant essayer.

Le régime de cour, ce qui en est la caractéristique, c'est que tout ne s'y décide que sur questions de personnes, sur sympathies ou antipathies d'ordre privé, sur la cote d'amour, sur la réputation d'un tel qu'il a l'oreille du maître, d'un mot sur le bonheur ou le malheur d'être bien ou mal en cour. C'est que tout n'y est qu'intrigues de couloirs et de bureaux, rivalités de clans courtisanesques, luttes de coterie, heureux encore si le frou-frou des jupes ne domine pas ce tumulte de potins. Dans le régime de cour, tout prend figure de faveurs, de libéralités gracieuses de Sa Majesté l'Administration ; et chose étrange et typique, l'Administration veut que cela soit bien entendu, publié à son de trompe. Un citoyen français, si par hasard il touche son dû légal, c'est un don munificent qu'elle lui fait.

Dans le régime de cour on case les fils, les neveux, les gendres ; on crée les emplois pour les postulants, au lieu de nommer les postulants à des emplois. On inscrit des indemnités au budget, ou des allocations à la feuille des fonds de secours, comme Louis XVI inscrivait des pensions au Livre Rouge, du même air royal que si on les tirait de sa propre cassette. Il n'y a plus d'honnêtes fonctionnaires faisant leur rapport, présentant leurs observations, ordonnant de leur mieux

---

(1) Alors quartier-maître général au Ministère des Colonies, aujourd'hui administrateur des Messageries fluviales de Cochinchine.

(2) Ce lecteur aura reconnu, sous ses appellations fantaisistes, le C.I.C.I. (Comité indochinois du Commerce et de l'industre), et l'AGINDO (Agence économique d'Indochine).

le tas de pièces à signer. Il y a une chambrée de courtisans incroy-
ablement assidus à l'étude de la psychologie du maître, heureux de se
donner l'air d'extorquer une signature comme un marron du feu,
empressés auprès du favori du jour — ou de la favorite de la nuit.

Dans le régime de cour, si d'aventure une mesure prise vous paraît
sage et judicieuse et qu'il vous arrive d'en féliciter un familier du
palais, que vous savez approcher les degrés suprêmes, il ouvre des
yeux ronds, vous regarde avec surprise, puis avec dédain ou pitié, et
veut bien, pour vous faire sentir la supériorité de l'initié, vous expliquer la genèse historique de la décision. C'est qu'elle rendait libre
tel poste qui faisait l'affaire de M. X, dont la succession était guignée par
M. Y, lequel.... C'est à votre tour de le regarder avec des yeux ronds,
ou mieux en fente très, très amenuisée, pour qu'entre les cils ne
jaillisse pas une flamme « peuple » de colère.

Dites, est-ce que je ne viens pas de vous peindre assez bien
l'Indochine de Sarraut, de Long, de Robin ?

Régime de cour, fleurs empoisonnées de l'air de cour : les fiches
des Européens et les cancaniers rapports dits de police de notre
Sûreté nouveau jeu (1) ; les pieds-de-nez à la loi des retraites et à
celle des cumuls, les abondements arbitraires, les indemnités fantaisistes dites de mission, les courants alternatifs de contrat et hors contrat,
selon l'avantage momentané du bénéficiaire, les avenants lâches aux
contrats sévères — dont la sévérité provisoire n'était que pour éli-
miner les concurrents — les tours de passe-passe pour frauder l'avan-
cement, les avancements de calendrier pour frauder les tours de
passage.

Voulez-vous un exemple, une illustration, du régime de cour ? Le
gendre d'un haut seigneur perd son emploi. Pour d'autres quelle in-
fortune, pour lui quel heureux sort ! De petit scribe dans la finance
privée, on le pousse scribe moyen dans le judiciaire public. Dame
Justice possède, pour ses vieux serviteurs de la basoche, qui les gui-
gnent comme leur place d'élu au Paradis, trois ou quatre bénéfices de
cléricature. Qu'à cela ne tienne ! On y hisse, au nez des vétérans,
notre petit jeune homme. Quelques mois s'écoulent ; et l'on s'aperçoit
que le clerc est en âge de passer maître. Il n'y a pas de charge pour
lui ? Quoi de plus simple que d'en créer une ; précisément la capitale du royaume en est dépourvue. Créons la charge de notaire en
la bonne ville d'Hanoï et nommons-y M. de Kératry, gendre de M.
Robin. Et comme M. de Kératry pourrait être tenté de devenir Indochinois pour de bon, ce qui désolerait son beau-père, prévoyons tout
de suite que le successeur à la charge de notaire d'Hanoï sera présenté par le titulaire. On sait ce que parler veut dire. Quelques mois encore et, le périple accompli, le gendre du haut seigneur, ayant vendu

----

(1) Ainsi Louis XV se faisait présenter par M. de Sartine les fameux rapports
galants des Inspecteurs de police. Il est triste d'avoir à constater que c'est sous la
direction d'un officier en activité de service que la Sûreté indochinoise commença
à manger de ce pain-là.

sa charge au plus digne, soit au plus offrant, aura, du même coup, simplifié, pour son compte, le problème de l'avenir indochinois.

Le régime de cour, il choque d'abord en nous un fond de fierté virile, d'humeur égalitaire, d'indépendance civique ; et aussi il irrite, par la suffisance de ses prétentions et l'insuffisance de ses singeries, notre sens national de la mesure, du bon goût, de l'élégante simplicité. Mais prenons-y garde, il porte, par surcroît, en lui un poison mortel. Il est essentiellement corrupteur, démoralisateur, émasculateur. Il engendre les basses intrigues, l'oubli des voies droites pour la recherche des menées tortueuses de couloirs.

On sait du reste que l'envie, la médisance, la délation sont le pain quotidien de la courtisanerie. Ce qui est grave, c'est quand tout un peuple se fait une âme de courtisan. Si vous avez eu le chagrin de voir ici les Français se jalouser et s'entre-déchirer au lieu de faire front, coude à coude, contre les difficultés communes, n'oubliez pas que c'est au régime de cour que vous le devez. Partie du centre, la corruption fait vite tache d'huile ; partie d'en haut, la nappe délétère enveloppe en un clin d'œil les assises. Faut-il revenir sur cette lamentable série de scandales, sur cette épidémie de sportule et de péculat qui culbuta tant des nôtres sur le banc de l'enceinte judiciaire ? Pour expliquer, sinon pour excuser, on invoqua les tristes suites du temps de guerre, la frénétique soif de jouissances, les cupidités exacerbées par le triomphe insolent des mercantis. Et sans doute, il y avait un peu de cela. Mais ne croyez vous pas qu'ils ont aussi leur part de responsabilité ceux qui, juchés sur les sommets de la hiérarchie, négligèrent d'y donner l'exemple des vertus sévères, ceux qui, comptables des deniers publics, menaient le branle des gaspillages tapageurs.

A la charge du régime de cour, il faut inscrire enfin, comme une extension au corps du mal des membres, la plaie sociale de l'abdication civique. Triste symptôme en un pays neuf, où se devraient plutôt appréhender les excès d'un bouillonnement tumultueux des passions de partis, triste spectacle que cette torpeur de la cité, que cette apathie, cette aboulie, cette atonie du sens politique, que cette épidémie d'yeux clos, d'oreilles sourdes, de lèvres muettes. Détestable indice que cette presse officieuse se complaisant à verser l'opium de l'indifférence, que ces électeurs se détournant des urnes municipales, que ces assemblées consulaires élues à des chiffres dérisoires !

Ceux qui, par la pilule dorée des honneurs et des faveurs, avaient infiltré le mal dans l'organisme surent, en outre, l'exploiter pour les besoins de leur absolutisme. Sans gêne, devant le renoncement public, ils éludèrent les promesses dont ils nous ont bernés ; sans vergogne, ils enfoncèrent dans la brume des discours officiels les premiers linéaments tangibles du mirage « autonomie ». Autonomie, nous n'en demandons pas tant. Mais nous voulons — car là seulement est le salut de l'Indochine — des assemblées élues. Nous réclamons que sans la concertation devant ces assemblées, sans le vote de ces assemblées, sans le contrôle de ces assemblées, pas un sou de dépense ne puisse être engagé. Mais laissons pour l'instant ce point — nous le retrouverons tout à l'heure — et poursuivons l'exposé des déboires que nous valut le bluff financier.

Les sociétés frelons. — Il attira, avons-nous dit, comme des frelons sur le gâteau à miel, des sociétés financières, dont il nous faut attendre plus de mal que de bien. Je prie qu'on ne travertisse point ma pensée. Je sais parfaitement qu'il est telles grandes entreprises où l'intervention du capitalisme bancaire est souhaitable. Quand M. Doumer appelait ici la Société du Chemin de fer du Yunnam — encore qu'on puisse émettre objection à certains détails — il travaillait incontestablement pour la grandeur indochinoise. Mais, de nos jours, où sont-ils ces capitaux bienfaisants, nonrriciers, créateurs, animateurs, dont je suis prêt à acclamer la venue? Où sont-ils, ces enchanteurs dont la baguette d'or asséchera la plaine des Joncs, fera du Dong-trieu une petite Ruhr, crévera l'humus de la forêt pour aller chercher la nappe pétrolifère? Nous les attendons encore. Nous attendons des groupes, des sociétés, qui fassent « puissamment » ce que les petits ont fait avec les moyens dont ils disposaient, avec leur cervelle, leur cœur, les quatre sous de leur économie et le risque donné sans compter de leur existence : une prospection, une exploration, un défrichemeut, une « œuvre ». Les petits, pour salaire, ont obtenu la risée de l'Administration. Mais s'il est des gros bienfaisants pour amadouer ou mâter cette mégère, tant mieux ! je ne m'en dédis pas, et chapeau bas devant eux ! Mais ces gros-là, Indochine, ma sœur Indochine, du haut de quelle tour les vois-tu venir? Je vois d'étranges spécialistes. Ils se penchent, loupe à l'œil, sur ce grand corps jaune étendu, ils palpent, auscultent, font la grimace devant les côtes maigres, puis ils posent le doigt. C'est là, oui, c'est là qu'est le point sensible, la poche à ganglions, le gîte, richement innervé, des réserves vitales. C'est là qu'il faut appliquer le suçoir, la ventouse, la seringue à ponction, qui font tout le bagage de ce singulier docteur Kapitalismus. Je ne vois que corbeaux qui ouvrent le bec, croassant jusqu'à ce qu'y soit enfourné le fromage, un monopole, une subvention .... Je ne vois que gloutons qui, sur la table à gâteaux de riz — pour eux, la carte de l'Indochine — lorgnent le plus gros moule. Je vois des bienfaiteurs qui, tous, avant de donner, réclament hautainement de recevoir. Je vois un fallacieux Pactole qui ne vient pas pour irriguer, mais pour capter à son profit les sources existantes de la fortune publique.

Je vois une subvention de cent cinquante mille piastres accordée à une Société des tabacs dont tous les administrateurs, un Neuflize, un Homberg... etc.. sont archi-millionnaires, comme s'il était bien entendu que les gros capitaux sont insubmersibles ! A partir d'un certain chiffre, vous n'êtes plus M. X. ou M. Y., marchand de cravates ou de quincaillerie ; vous êtes le Commerce, l'Industrie... L'État vous doit la garantie d'intérêts et la ceinture de sauvetage, en cas de tempête.

Je vois le scandaleux renouvellement du monopole des alcools. Selon l'usage antique et solennel, le débat « au fond » sur le régime même des alcools s'est réduit à un dialogue tapoté entre la machine à écrire de M. Fontaine et celle de M. Sarraut ou de M. Kircher. De consultation des corps élus, de libre discussion dans la presse, néant. Chuchottements de confessionnal, lumière de cave à champignons.... et voilà l'Indochine engagée pour dix ans, liée pour dix ans à l'immo-

ralité. Car, il ne faut se lasser de le répéter, il y a dans ce monopole
des alcools indigènes une immoralité profonde. Que l'Etat fasse argent
de l'alcool, soit qu'il empoisonne ses sujets avec la secrétion des ferments
Calmette plutôt qu'avec la lavure chinoise, passe encore. Ce qui est
immoral, c'est un système qui attelle un lot formidable d'intérêts
privés, en plus du poitrail de la haridelle administrative, au char
honni de l'alcoolisme. Ce qui est immoral, ce n'est pas tant qu'on donne à boire et qu'on fasse payer la boisson ; c'est qu'on tâche systéma-
tiquement à faire boire davantage ; c'est que le développement pro-
gressif de l'alcoolisme soit devenu un article majeur du programme
administratif, une pierre d'assise de l'œuvre française en Indochine !

Cuisinés en vase clos, je vois encore les contrats avec la S. F. R.,
Société française de Radiotélégraphie. M. Long les apporte dans sa
poche et ils sont entérinés en trois minutes au Conseil supérieur. Au
moment qu'ils sont signés, tout était prêt — et le personnel désigné —
pour l'édification des grands pylônes saigonnais par le Service indochinois de la partie. Aujourd'hui encore, pas un Indochinois sur dix
mille n'a soupçon des millions de piastres versées ; pas un ne pourrait
dire un mot précis sur les conditions qui lient notre avenir.... Mais
la S. F. R. a pour administrateur-délégué M. Fondère, l'homme
de Caillaux (1), l'homme de la Ngoko-Sangha, et aussi l'ami personnel
de François de Tessan, le commensal de choix à la table ronde des
chevaliers de la Dépêche toulousaine. Une lueur filtre (2).

Du même mode, du même tour de mijotage à l'étouffée, je vois le
marché pour la construction du chemin de fer du Langbian. Comme
toujours, pas de publicité, pas d'appel d'offres.... Des entretiens
techniques au bar de «l'André Lebon». Il en sort six millions de piastres
de travaux concédés de gré à gré à une Société établie ad hoc « sur
la large assise financière », pour parler le langage de M. Pouyanne,
d'un million de francs (ôté les parts de fondateurs, trente mille piastres
environ...) Six millions de piastres de travaux dont le barème est
majoré de 60 % sur les prix ordinaires... Garanties d'intérêts, remboursement des études... etc... cela va de soi.

Prétexte officiel à la suppression des formes ordinaires d'adjudi-
cation : la Société a l'exclusivité d'un brevet suisse. Il se trouve — la
France fait de ces miracles — que les mineurs de l'entreprise sont gens

---

(1) Il est bon de rappeler que M. Long était nommément désigné dans le
célèbre Rubicon — réservé pour un emploi d'ambassadeur au Portugal ! On ne
peut refuser à Caillaux ce don, nécessaire aux hommes d'Etat, de savoir prendre
la mesure exacte des capacités d'un serviteur.

(2) Et à propos de radiotélégraphie, que devient la nôtre ? Nous savons qu'il
existe un chef de service, qui ne boude pas aux achats de matériel, et d'une activité débordante si on la mesure au chiffre de ses frais de déplacement ou de mission.
Nous savons qu'il existe une carte impressionnante des stations, sous-stations,
postes intermédiaires. etc. De tout cela pratiquement que sort-il pour nous ? Encore
aujourd'hui, quand le câble est coupé et les poteaux par terre, nous ne pouvons
emprunter la voie des airs pour nos messages d'Hanoi à Saigon. Cela reste privilège du Gouvernement général. C'est peut-être payer un peu cher un courrier de
cabinet.

de cœur, qui font oublier, par leur ardeur rayonnante aux difficultés meurtrières de leur tâche, les ombres des origines. Mais retenons, pour clore ce chapitre des origines, que le Directeur et principal capitaliste de la Société Concessionnaire est M. Fondére, déjà nommé, l'homme … etc. La lueur devient nappe aveuglante.

Mais je vois autre chose encore, qui peut-être me touche davantage que le rapt d'une parcelle de la fortune publique. Je vois les prolégomènes d'une conjuration redoutable, où la politique se corrompt aux vapeurs dorées de la finance, et qui menace ouvertement en ce pays le principe même des énergies individuelles, filles de la Révolution, c'est-à-dire les générateurs d'influx vital de toute colonisation durable.

Je vois l'Affaire du Port de Commerce et des études Candelier.
L'affaire du Port de Commerce ! L'affaire du Collier du régime, le pavé où il buta duremeut (1).

On sait en quoi elle consiste : accorder à M. Candelier et à ses amis la monopole du transport des riz dans le port Saigon-Cholon — et par le jeu éventuel d'une clause artificieuse, dans tout le réseau aquatique de la Cochinchine (2). Ce qu'il faut retenir de ces débats historiques c'est l'acoquirement cynique—est-il d'autre mot—qu'ils révélèrent, du pouvoir à des intérêts privés. C'est le zêle ostentatoire d'un Cognac, d'un de Tastes, pesant, de toute la masse officielle, sur la conscience des conseillers indigènes. Ce sont ces opposants — à un projet qui est une présentation de particuliers au gouvernement—traités de séditieux par les bouches gouvernementales, au lendemain du jour où, en réunion publique, la Cochinchine entière les avait acclamés !

Mais l'affaire du Port de Commerce me prend toute sa signification redoutable que jointe à celle des études Candelier. Ici se démontre clairement qu'ils ne parlaient pas à la légère ceux qui s'effrayaient de la rue menaçante des sauterelles, ceux qui entre-voyaient, dans un arrière-plan obscur, le dessin d'une gigantesque tenaille. Cette tenaille nous savons maintenant qui en tient la manche, nous savons où veulent mordre les mâchoires.

Les études Candelier ! Quelque chose de très simple et de très compliqué. Un truc génial pour assurer à un consortium (3) moyennant une avance de deux millions de francs (intérêts et remboursement garantis) l'exécution des travaux d'un programme ferroviaire de 60 millions de piastres (My-tho-Bac-lieu et Saigon-frontière du Siam).

---

(1) Ce furent nos articles de la *Vérité* qui, joints à ceux de la « Tribune Indigène », commencèrent d'émouvoir la population saigonnaise. Plus tard nous en reprîmes la matière pour écrire une brochure spéciale qui fit quelque bruit.

(2) M. Merlin a jusqu'ici, dit-on, refusé d'apposer sa signature au bas du contrat fatal. Point n'est besoin de dire que les débris de la cour Long qui l'entourent le pressent et lui tendant la plume—comme ils lui tendraient le lacet.

(3) Banque d'Indochine, Compagnie générale des Colonies (Banque des Pays-Bas), Compagnie générale d'Extrême-Orient.

l'émission des emprunts relatifs à leur exécution (1) et, comme prime, l'affermage du réseau actuel de la Cochinchine, en attendant celui du réseau à construire. Processus : engagement de la mission Candelier pour études préliminaires d'avant-projet ; avenant au contrat pour études définitives ; nouveau contrat (à signer) pour la construction et l'affermage (y compris une part privilégiée au capital des emprunts à venir pour la construction). Les bons compères abandonnent aux T. P. le transindochinois (Tourane-Nha-trang) et le Tanap-Thakhek, dont la gestion apparaît d'avance brillamment déficitaire. Si l'on considère que ces hommes sont ceux-là mêmes qui ambitionnent le monopole des transports fluviaux, si l'on supporte leurs accointances avec les deux Crédits Fonciers frais débarqués, leur main-mise sur la presse cochinchinoise, est-il d'un séditieux de jeter le cri d'alarme !

Est-il besoin d'autre exemple ? Vous êtes édifiés. Dégageons seulement de tout ceci, cette précieuse leçon finale : l'Indochine ne fait l'aumône qu'aux mendiants cousus d'or ou tout au moins de fil doré. Et passons au dernier, au plus malencontreux des effets d'une réclame intempestive, à la menace, toujours suspendue, de la réduction des soldes.

La réduction des soldes. — Il arriva ce qui devait arriver. Toute la France à la longue dressa l'oreille à l'écho de la bamboula marseillaise, à la rumeur merveilleuse de cet Eldorado lointain, à ce tintement d'une monnaie, une vraie monnaie, une monnaie de métal, sur l'émail des croix d'honneur. Les gogos se demandaient avec admiration quel Pactole inconnu mêlait ses flots à ceux du champagne officiel. Mais l'admiration des gogos se change peu à peu, par une la

---

(1) Je n'ai point d'hostilité préconçue à l'égard de la Banque d'Indochine. Tout au contraire, et, j'en ai donné ailleurs mes raisons. Elle est propre. On la vit bien rarement mêlée à de ces douteuses machinations auxquelles tel grand établissement métropolitain ne rechigne pas — et Dieu sait si certains lui en tendirent l'amorce ! Si elle est quelquefois morose, tranchons le mot, parpaillotte, si elle tient serrés les cordons de sa bourse, si elle squeeze quelquefois le client dans une opération de vente, les importateurs saigonnais ne peuvent oublier que, trois fois plutôt qu'une, dans ces quatre dernières années, elle leur tira de rudes épines du pied. Tous les Indochinois doivent se souvenir qu'elle les mit, sans distinction, à même de s'enrichir, en les traitant en souscripteurs privilégiés, lors de son émission d'après-guerre. Surtout, elle est, de toutes nos grosses firmes, la plus sincèrement indochinoise, la seule qui ait fait une réalité partielle des hâbleries de Sarraut sur la position de l'Indochine : par elle, Saigon est bien la capitale financière française dans le Pacifique.

Nous sommes avec elle comme des voyageurs dans le même wagon. Le mieux est de s'arranger à l'amiable pour caser ses jambes et passer la nuit. Je dis volontiers d'elle : « Plus nous la ferons nôtre, plus, par la force des choses, elle nous fera siens ».

Je ne puis que déplorer de la voir contrainte, par les mœurs du jour, à de tels chemins sinueux pour aboutir à l'obtention d'un dû légitime : le privilège d'émission des emprunts de l'Indochine.

humaine; en quelque chose qui ressemble furieusement à de la jalousie. Les idées neuves, d'autre part, réclament du temps pour cheminer dans la masse. Et il advint ceci : que toute la France sut que l'Indochine était riche, que les fonctionnaires étaient tous millionnaires, sous le ciel extrême-oriental éclairé de cette lune blanche : la piastre, au moment précis que la chandelle était morte, que le commerce indochinois perdait tout ce qu'il voulait, que derrière le feu d'artifice éteint, commençait d'apparaître la minable carcasse, et que l'Indochine, par la voie de son mandataire au Parlement, pleurait misère pour acquitter sa contribution.

La déception était amère (1). Il fallait que quelqu'un payât pour elle. Bien sûr ce n'allait par être ceux qui avaient conté les menteries sur la richesse indochinoise, ceux qui avaient fait la vie chère (2) en Indochine. Le colonel Bernard aidant, le bouc émissaire fut tôt trouvé. Tous les compères furent d'accord : ce bruit métallique attirant et pervers, c'est de la poche des fonctionnaires qu'il sortait. Ce gavé, ce galetteux d'où venait tout le mal, c'était le corps des fonctionnaires indochinois. Ainsi, messieurs, le fabuliste vous l'a dit :

> *... De tous temps*
> *Les petits ont pâti des sottises des grands.*

Nous ne sommes point de ceux qui se plaisent à opposer Français aux Français en ce pays. Nous refusons de reconnaître ici deux clans, deux camps de Français : les fonctionnaires et les commerçants, industriels, colons, etc... Comme nous le montrerons dans la deuxième partie de cette étude, les intérêts de tous sont mieux que connexes, ils sont confondus, si l'on sait voir surtout que colons et non-colons concourent également, par la deuxième génération, par les fils et par les filles, au recrutement — pour nous l'intérêt suprême — de la famille indochinoise.

Mais ce n'est point par sentimentalité que nous avons pris si vivement (3) la défense des fonctionnaires, quand éclata le pétard sous leurs pieds. C'est par striste justice. Nous sommes les premiers, sinon les seuls, à avoir porté cette défense sur son ferme terrain. Nous avons, en effet, montré que d'abord la question même ne se poserait pas, si les soldes étaient en piastres, comme bon sens et logique indiquent qu'elles devaient l'être.

---

(1) On découvrait du même coup qu'à la réalisation du programme Sarraut il ne manquait qu'une menue condition : la main-d'œuvre à bon marché dans la colonie asiatique.

(2) Parmi les causes de la vie chère, on ne saurait omettre de mentionner—car tout compte, car toute surcharge pèse dans la balance : 1o l'arithmétique fantaisiste de certains services, comme la Justice et les Postes, grâce à laquelle nous payons 4 ou 8 ce qui vaut 2 ; 2o et surtout l'absurdité, l'incohérence d'une politique douanière qui n'en est pas une, qui est une pure fiscalité, sans harmonie, ou même en pleine discordance, avec la politique économique du pays.

(3) Dans la presse saigonnaise.

Or pourquoi ne le sont-elles pas ? Voici la double explication que nous en a donnée un Directeur des Finances indochinoises, double explication, double absurdité. Le Ministère s'est préoccupé, d'une part, d'établir un parallélisme, une commune mesure entre des fonctionnaires des diverses colonies. D'autre part, pour établir la solde proprement dite, on a tablé sur la situation, sur la vie du fonctionnaire colonial en France, sur le congé. Voyez-vous apparaître, l'éternelle aberration ? La vie du fonctionnaire colonial à la colonie — et a fortiori la retraite — est envisagée comme l'accident, comme l'anormal, l'exceptionnel. Le normal, le régulier, c'est l'existence à Paris ou à Dunkerque. M. Détieux ne m'a pas, il est vrai, parlé de la troisième explication, plus authentique que les deux autres. La solde en francs permet de déguiser l'attribution de la solde coloniale à certains coloniaux de la rue Oudinet.

Si donc nous considérons les soldes actuelles en piastres, et si nous les confrontons aux solde en piastres d'avant-guerre, ce qui importe c'est leur ajustement respectif au coût de la vie. Restait donc à évaluer le renchérissement de ce coût. Nous croyons avoir fait ce travail avec la plus grande conscience, épluchant les carnets des ménagères, les registres d'enregistrement des baux... etc.. D'autres, d'ailleurs, soit à Hanoi, soit à Saigon, ont fait un travail analogue. Les chiffres de tous sont sensiblement concordants. On peut évaluer à 1,7 ou à 1,8 le coefficient de renchérissement de la vie en 1923 par rapport à 1913. Or, il est facile de voir que le coefficient d'augmentation des soldes est, en moyenne, très inférieur à ce chiffre. Tout ce qu'on peut dire, c'est que les fonctionnaires ont gagné quelque avantages sur la part « économies » de leur budget. Mais ceci — sur quoi nous aurons à revenir — nous ramène à la même antienne. Cette part « économies » est-elle destinée d'office à être mangée en France, ou doit-elle servir à favoriser l'établissement définitif de la famille du fonctionnaire dans la colonie ? Pour nous poser la question, c'est fournir la réponse. Une politique coloniale saine doit considérer les fonctionnaires comme l'élite du recrutement colonial définitif, comme l'immigrant de choix, comme le plant sélectionné de la pépinière de peuplement.

Si nous insistons tant sur cette question des soldes, c'est que nous avons la certitude qu'elle n'est pas périmée. Les Amicales de fonctionnaires ne doivent pas s'endormir sur de lénitives promesses. Qu'elles se rappellent le vieil adage : « Si vis pacem, par a bellum » !

Le bilan. — Les responsables. — Nous voici au bout du bilan. Il est terriblement lourd. Quand, voilà huit à neuf mois, nous commençâmes de le dresser dans une feuille saigonnaise, les gens furent d'abord surpris, qui sentaient bien un malaise mais qui en discernaient mal les causes profondes. Tant de poix ténébreuse avait luté soigneusement l'armature de l'édifice ! Et puis il y avait le régime de cour qui voulait que chacun, au lieu de faire sienne la cause commune, au lieu d'aborder franchement la réforme générale, ne rêvât que de démarches (oh ! le mot détestable !) d'humbles ou astucieuses démarches pour mettre, par la grâce des puissants, le cataplasme à son abcès personnel. Petit à petit pourtant les yeux s'ouvrirent ; la flamme civique se ralluma. Et maintenant c'est un incendie qui gronde et qui déconcerte les tenants de la politique anti-française.

Il faut comprendre que l'Indochine est à un tournant décisif de son histoire. C'est de votre vote sans doute que dépendra la réponse à cette question historique : « Sommes-nous ici à demeure ou devons-nous envisager, dans un délai plus ou moins proche, le bouclage collectif de nos malles ? »

J'ai nommé, sans hésiter, les responsables Long et Robin, par mauvais orgueil, Baudoin par faiblesse et pusillanimité.

Nous avons cherché les raisons psychologiques d'une si longue résignation, d'une si déconcertante placidité devant l'erreur. Il faut, pour être juste, ajouter que, chez beaucoup, un restant de la discipline de guerre portait à admettre, comme une nécessité de l'heure, les modes dictatoriaux de gouvernement.

Les erreurs de M. Sarraut. — Mais il est d'autres responsables : ce sont ceux qui laissèrent faire. Et d'abord M. Sarraut. Nous ne pouvons oublier que si M. Long signa tout, M. Sarraut parapha tout pour approbation. Cependant le procès de M. Sarraut est difficile à instruire. Je n'ai jamais pu arriver à le détester, parce que je sais qu'il a du cœur — j'en eus des preuves à la guerre, lorsque furent tués des officiers de son ancien entourage — et aussi parce que je crois qu'il aime sincèrement l'Indochine. Il a deux défauts : un défaut de l'esprit qui l'illusionne sur l'efficacité de l'art oratoire, qui le persuade que le verbe est créateur, qu'un discours a résolu un problème ; et un défaut, plus grave, du caractère qui lui fait écouter plus volontiers ceux qui le flattent que ceux qui servent la chose publique d'un sincère dévouement.

Mettons donc provisoirement au compte de ces vils flatteurs les erreurs de ces dernières années, mais n'hésitons pas à les faire toucher du doigt.

1º — Flotte indochinoise. — Question enterrée ou plus exactement submergée. Passons. Il est entendu que M. Sarraut donna dans l'engouement du temps de la guerre, qui était au socialisme d'état.

2º — Exposition de Marseille. Exposition mondiale de Corsets a bord des croiseurs de la Marine française. — Bon, passons encore. Il est entendu que M. Sarraut donna dans l'engouement du temps de l'après-guerre qui fut, pour la France, nantie de cent milliards de dettes, de se dépêcher d'en faire cent cinquante milliards de plus, et pour chaque député du Parlement de France, de se découvrir un génie d'économiste titanique et d'agent de publicité colossal.

3º — Le vaste projet de Zollverein métropolo-colonial. — Rajeunissement grandiose de la doctrine périmée des colonies-comp-

toirs. Nous avons vu que M. Sarraut a droit à cette circonstance atté-
nuante qu'il couvrit de fleurs le Gouverneur général qui luimit d'office
l'Indochine hors de son Zollverein.

4o — La belle figure de rhétorique, du genre métaphore, qui
nous montre l'Indochine balcon de choix sur le Pacifique, ou mieux
poste d'écoute. . .etc. . En un seul mois, nous eûmes trois petits faits
pour nous rappeler cette vérité comme des littérateurs que rien n'est
plus rare que la justesse d'une métaphore J'ai rappelé ailleurs ces trois
menus faits (1).

5o — La mécanique autonomie toujours près du déclanchement
et toujours raccrochée au ratelier—tel lou fusi de mestro Gervaï.—C'est
qu'il faut entendre le mot autonomie. Quand M. Sarraut, gouverneur
général de l'Indochine, parle d'autonomie, cela veut dire indépendance du Gouverneur général de l'Indochine à l'égard du Ministre des
Colonies. Quand M. Sarraut, ministre des Colonies, parle autonomie,
cela veut dire indépendance du Vice-Roi du Pacifique à l'égard du
Parlement. Quand M. Sarraut... chut, nous irions tout droit au coup
d'état. Passons.

6o — La conception ultra-démocratique que se fait M. Sarraut
du lien qui l'unit, lui et sa famille, à l'Indochine. Il l'a empruntée à
l'histoire de Charles le Téméraire et des rapports d'icelui avec le duché
de Bourgogne. Par elle bien des côtés obscurs de l'histoire indochinoise
s'éclairent. Pour tenir un lit confortable et chaud, il n'y faut pas d'un
occupant qui risque de creuser son empreinte dans le matelas ! Pour
que la médaille d'un souvenir reste étincelante, il est bon de l'encadrer,
au médaillier entre deux effigies légèrement vert-de-grisées !

Oui, mais l'Indochine en tout cela ? L'Indochine, c'est tout de
même quelque chose, quelqu'un, qui est beaucoup plus intéressant
même que la gloire d'un Sarraut.« Il n'est pas bon, a dit Thiers, qu'une
nation abandonne à un seul homme ses destins ». Thiers visait Napoléon,
n'ayant pu prévoir Sarraut. Mais Thiers, quand il écrivait « abandonne », sous-entendait « sans contrôle ». Et voilà précisément l'en-
clouure.

La République, qui est sage, a prévu cette concupiscence spéciale
ou inclination au mal autocratique des démocrates parvenus au pouvoir. Elle a donc prévu des députés pour leur jeter du sable, leur
piquer des clous, voire leur planter des poignards, sur la pente savon-

---

(1) Le typhon de Hong-kong, les inondations de l'Irraouaddy, le tremblement
de terre du Japon. Des deux premiers, la Cochinchine, qu'ils touchaient au premier chef dans ses intérêts riziers, fut informée, par voies indirectes, quinze ou
vingt jours après leur apparition. Quant au troisième, on sait qu'il fallut une se-
maine d'Havas pour apprendre à nos dirigeants qu'il est d'usage d'envoyer ses
compliments de condoléances à ses connaissances en deuil.

née où elle devine qu'ils glisseront. Elle a prévu un député pour l'Indochine. Officiellement, il s'appelle le député de la Cochinchine et, sur l'annuaire du Parlement, il se nomme Ernest Outrey.

La défection d'Outrey. — Mais voilà l'explication complémentaire de tous nos malheurs : la carence, la défection du député de la Cochinchine. Voilà l'autre grand coupable : Ernest Outrey.

Si Long a tout signé, si Sarraut a tout paraphé, Outrey a mis sur tout : vu et approuvé. Les autres ont l'excuse du vertige de la puissance, de l'emballement du coursier sans frein. Lui, dont la mission était d'être le frein, reste sans excuses. Il avait été élu contre Sarraut, pour faire pièce à Sarraut, pour équilibrer, pour neutraliser Sarraut. Et tout à ses combines d'affairiste, il a passé son temps à des marchandages avec Sarraut de vendeur de tapis arménien. Aujourd'hui brouillés à mort, questions écrites d'une niaiserie effarante, menace falote d'interpellation... demain copains comme fesses et chemise. Il devait être le contrôleur (1), l'œil toujours ouvert et toujours redouté ; il fut le premier aux bamboulas, aux gabegies, aux ripailles. Il fut le grand spécialiste de cette institution moderne : le gueuleton d'affaires, et il pleurait de désespoir quand le foie gras, premier ciment d'une affaire ndochinoise, se mastiquait quelque part sans lui. Gens d'Annam, retenez ỉon nom. Ses bavardages inconsidérés nous valurent l'affaire des soldes; sa puérile gloriole — lui aussi — la mission parlementaire.

Le délégné fantôme. — Mais la République, décidément très sage, a prévu, à côté du député ces façons de sous-députés que sont les délégués au Conseil supérieur des Colonies. Hélas, trois fois hélas ! L'un s'appelait Ernest Outrey, l'autre s'appelait Martin dit la Grinche !

Qu'arriva-t-il à ce Grinche ? Nul ne le sait. Il s'évanouit dans le silence et l'ombre. Il devint impalpable, incolore, inodore et sans saveur. On le disait de caractère exécrable et terrible casseur de vitres. Tout semble indiquer que c'était légende et qu'il avait en réserve des douceurs d'agneau. S'il fêla des vitres, ce fut avec la virtuosité d'un cambrioleur expert et à la fine pointe du diamant. Car le bruit n'en vint pas même jusqu'à Marseille. S'il protesta contre quelque chose, ce fut sans doute du même ton poli qu'il eût dit : amen ! car personne ne parut s'en émouvoir. Je me souviens qu'au cours de sa campagne électorale, il avait du mal à lire le papier de ses déclarations ; c'est probablement qu'elles n'étaient pas gravées en traits de feu dans son cœur !

---

(1) Je pense qu'il est inutile de relever, sur la liste de ces carences, celle du contrôle financier, M. Long était un rusé Machiavel. Il savait que rien ne rend un homme aveugle comme la poussière d'une auto. Il donna une auto au Directeur du Contrôle financier.

Eh bien, messieurs, il faut que la leçon serve. Il faut que le délégué d'une portion quelconque de l'Indochine possède l'art de casser les vitres de sorte retentissante et aussi, dirai-je, l'art de piétiner avec désinvolture dans les plats, fussent-ils de porcelaine de Sèvres. Cette diplomatie du poing dans le carreau et du pied dans la vaisselle a ses mérites, ce fut peut-être un tort de nos petits-maîtres en diplomatie nationale que d'avoir trop fait la moue dégoûtée devant elle.

Et pour finir, la République, trésor de sagesse, a voulu qu'au-dessus des hommes il y ait des assemblées, des assemblées qui fassent trembler les hommes. Fidèle à l'esprit de la République, je déclare que 'un des plus urgents devoirs de votre délégué sera de réclamer, d'exiger ces assemblées élues, toujours promises, toujours renvoyées aux calendes et qui ne saurait prétendre sérieusement remplacer ce pseudo-parlement « croupion » qu'est un Conseil de Gouvernement (1). Des assemblées élues dont les bouches soient vos bouches et qui aient droit de contrôle et de veto absolu sur tous les actes financiers—pour commencer du Gouvernement général. Qui tient les cordons de la bourse n'est pas loin d'être maître dans la maison.

Mais cette revendication de principe m'est transition tout indiquée pour passer enfin à ma seconde partie, à l'exposé du programme.

---

(1) « J'entends que tout le monde, civil et militaire, sache qu'il n'y a qu'un homme ici qui compte et que cet homme « c'est moi.» Telles furent les modestes paroles par lesquelles M. Long s'annonça à ses chefs de service, à leur première entrevue. La même M. Long avait projeté une réforme du Conseil supérieur, par laquelle il y supprimait, comme suspects d'indépendance, les Chefs d'administration locale.

Quant à M. Merlin, il nous a fait récemment savoir qu'il entendait la consultation des inférieurs à la manière de ce colonel qui, interrogeant un troupier pour savoir si la soupe était bonne et ayant reçu la réponse qu'elle était mauvaise, s'écriait : « Scrongnognieu, je ne vous demande pas si elle est mauvaise, je vous demande si elle est bonne ! »

DEUXIÈME PARTIE

———

Le programme.

Il pourrait tenir en deux lignes : le renversement, par l'effort accordé des Assemblées élues, des délégués et du député, de tout ce qui vient de faire l'objet de la critique. Il n'est pas superflu néanmoins d'entrer dans quelques développements.

La nation indochinoise. — Avant tout, il faut en finir avec la politique anti-française. Pour cela, il faut avoir soi-même une doctrine ferme, claire et féconde sur l'avenir de l'Indochine. La mienne est celle de la nation indochinoise.

Selon cette doctrine, il n'est pas ici de nation ancienne déchue à relever, à réhabiliter devant l'histoire. Il y a ici une nation à créer. Pour créer cette nation, on dispose d'éléments ethniques déterminés. L'élément annamite est le plus nombreux ; l'élément français est le plus nécessaire. Il est le levain essentiel de la pâte. Tous les autres éléments indigènes, cambodgiens, laotiens, moïs, chinois même, ont leur emploi d'ingrédients dans le gâteau, où les métis feront le liant. Mais le moule, de même qu'il fut la monarchie pour la nation française, sera, pour la nation indochinoise, la culture, la discipline ; d'un mot, la civilisation moderne française. Ce sont les grands courants de la discipline. de la tradition, de la raison française, qui coaguleront, qui amalgameront tous ces hétérogènes. C'est un fait très remarquable qu'un Annamite qui a subi, en France même, quelqu'une de nos fortes disciplines, qui s'est trempé en France à quelqu'un des grands courants vivifiants et qui en a senti à la fois la grandeur, l'énergie et l'action revigorante, un ancien élève de Centrale, de Polytechnique, un docteur de nos Facultés, voire un étudiant, un simple linh ayant fait la guerre, est plus près d'être un véritable assimilé qu'un produit local uniquement soumis à l'ingestion de la science, en boulettes selon la formule, d'un enseignement plus ou moins supérieur. Il y a quelque chose de changé dans le regard de l'homme qui a vu Paris. Les Annamites s'assimileront de même sur place au fur et à mesure que du bloc des nôtres, installés parmi eux, ruissellera une source plus vive, au débit plus puissant, de culture et de vie françaises.

Pour l'heure donc — et d'un zèle accru par le sentiment du temps perdu à rattraper — le premier, le plus pressant, le plus saint des devoirs est de fixer, de crocher au sol, d'enraciner ici l'élément ethnique français. Pour Dieu, qu'on nous libère des balivernes de pédants sur les colonies de peuplement ! La guerre nous a démontré, de sorte péremptoire, quelle salubrité merveilleuse prenait un

ciel vide de shrapnells, si pernicieux, si hostile qu'on l'ait dit jus
bue là. Le climat d'Indochine est moins pénible que celui de la
Louisiane, où nos ancêtres ont fait souche. Il n'est pas pire que celui
de Java où les Hollandais, plus septentrionaux que nous, se sont repro-
duits (1); que celui de Manille, où les Espagnols ont pullulé ; et tous ces
gens n'avaient ni le confort, ni la pharmacie dont nous disposons. Les
faits sont là, nous avons vu à Saigon de vénérables patriarches à barbe
neigeuse assister au baptême de leur arrière-petit-fils, et tel de
nos amis tonkinois prenait récemment son premier congé dans la
métropole, après un séjour ininterrompu de trente-deux ans (2).

Mesures de salut. — Tous les moyens, d'une efficacité si
minime soient-ils, susceptibles d'augmenter le nombre des Français
fixés à demeure en Indochine doivent être impérieusement mis en
œuvre. Et d'abord l'abondement des pensions de retraite.

L'abondement des pensions. — On pourrait apporter,
pour justifier la mesure, bien d'autres arguments de droit et d'équité.
Le contraste n'est-il pas choquant, pour ne pas dire plus ? D'une part,
on abonde les subventions de sociétés comme les Messageries Fluviales
de Cochinchine qui ont gagné, en partant de rien, des dizaines de millions, qui pourraient distribuer d'énormes dividendes, sans un sou de
subvention, dont les immeubles ont acquis, depuis la guerre, une plus-
value formidable ; et d'autre part, on refuse, par de misérables ergo-
tages juridiques sur la théorie des contrats, un abondement de mille
à deux mille piastres à un brave homme qui donne sa vie de labeur à
l'Indochine, qui, du temps qu'il œuvrait, ne caressait qu'un rêve : finir
ses jours là où il avait peiné ! Briser ce rêve est-ce autre chose qu'une
cynique, qu'une sinistre duperie ? Et quand vous objectez pompeusement à cet homme que c'est tant pis pour lui, que son contrat de
louage fut mal rédigé, qu'il ne saurait bénéficier de cet arrêt du Conseil
d'Etat, dont sont fortes les sociétés financières et qui prescrit le redressement des contrats sur le principe de l'équilibre d'avant-guerre, n'est-
il pas en droit de vous répondre, à vous qui le lui avez rédigé, son
contrat, de vous répondre moins pompeusement mais plus sincèrement : « Vous n'êtes que des salauds et vive le bolchévisme ! »

Un officier supérieur de l'armée coloniale, avec le maximum de
campagnes et d'annuités, touche cinquante piastres par mois — la
solde d'un balayeur indigène de la ville de Saigon, moins que celle du
bếp d'un chef de service. De tels chiffres sont honteux. En voulez-vous
d'autres ? Un ancien combattant, désireux de témoigner de son bon vouloir civique en participant au banquet offert à la mission parlementaire,
aurait laissé, pour son écot à cette démocratique ripaille (3), un peu

---

(1) Et il ne semble pas que nous ayons à redouter, comme eux, dans notre
métissage, la funeste stérilité des quarteronnes.
(2) Et Chaigneau ! Et les missionnaires !
(3) 12 piastres.

plus que sa pension annuelle de médaillé militaire (1). Comment voulez-vous empêcher ce gars-là de se faire des réflexions amères sur les fantaisies de l'échelle des valeurs en France républicaine ?·

Notez qu'en toute logique ce non-abondé serait en droit de refuser de payer ses timbres-poste ou éventuellement ses frais de justice, sur les taux arbitraires d'une piastre à 2 fr. 50 ou à 5 francs. L'Administration indochinoise refuse d'abonder la facture que je lui présente de mon dû par l'Etat français ; en vertu de quoi abonde-t-elle les factures qu'elle me présente, à moi, de la part de l'Etat français ? Notez encore que pour toute une classe de pensionnés, ceux de la caisse locale, c'est par une vilaine chinoiserie que leurs pensions sont décomptées en francs. Normalement, sainement, elles devraient l'être en piastres, et donc tout abondées. Mais pourquoi sont-elles décomptées en francs ?

Nous l'avons vu, à propos des soldes. Précisément, parce que, selon l'Administration, l'habitat régulier, souhaitable, du retraité est en France. Et cela seul, dans nos idées à nous, pour qui l'habitat souhaitable du retraité est l'Indochine, cela, mieux que tout autre argument, devrait entraîner, par mesure-immédiate, l'abondement : l'abondement, redressement d'une absurdité qui, par surcroît, est une hérésie en doctrine coloniale.

Nous n'avons parlé que des pensions de retraite. On se demande comment il est possible qu'il faille encore parler des pensions aux mutilés ou aux veuves de guerre. L'entêtement de l'Administration à leur sujet — quand on sait la dépense qu'elle représenterait et qu'on la rapporte aux chiffres de la gabegie (2) — a quelque chose de si éhonté, de si monstrueux, je dirais presque de si glacial qu'en vérité le cœur se serre. Eh quoi ! ces gens qui touchent leurs frais de gueuleton abondés ne sentent pas la rougeur leur monter au front, quand leur auto frôle une jambe de bois à cent piastres par an. A cent piastres, que dis-je ? Un de mes amis, en échange de sa mâchoire dont il a laissé les morceaux sur la route du Rhin, touche trente-cinq piastres, une piastre par morceau. L'autre jour, je l'ai trouvé qui, tout en mastiquant de son mieux, lisait le tarif des frères de la côte pour les accidents professionnels.

Il ne pouvait évidemment que regretter de ne pas s'être battu sous le pavillon noir, au XVII° siècle, avec Morgan ou l'Olonnois, plutôt qu'au vingtième, sous le pavillon tricolore, — celui de l'Indochine jusqu'à nouvel ordre — avec Joffre ou Pétain. Celui de l'Indochine ? C'est à se demander si, pour certains personnages de la Commission qui se couvrit de l'éternel déshonneur de ce refus, le fond de la pensée n'est

---

(1) Mais la médaille des anciens serviteurs de l'Administration est abondée. Comprenne qui pourra !

(2) La seule part de subvention à la plongerie d'Angkor Palace y laisserait des disponibilités. Il serait à souhaiter, pour l'édification des jeunes classes et pour le triomphe de l'Ironie immanente, que le premier touriste à venir soit un Boche et qu'il trouve un mutilé, miroitant et sonnant de médailles, avec, en plus la piastre de sa pension pendue au cou, pour lui pousser spectueusement le tambour d'entrée.

pas celui d'Olive : « Vous n'avez pas fini de nous ennuyer avec votre guerre ». J'ai tort de tourner la chose en plaisanterie. Elle est tragique, hideusement tragique, et, au surplus, elle finirait par laisser croire qu'il y a vraiment un abîme psychologique — et social — entre ceux qui ont su ce que c'était qu'un secteur malsain et ceux qui, dans le même temps, ont prouvé la salubrité du ciel indochinois. Il ne faut pas rire, il faut frémir d'indignation, de colère, de honte. Il faut surtout que ce scandale cesse. Car c'est un scandale, et le plus abominable qui soit. Pour ma part, j'estime que s'il se prolonge, tous les anciens combattants devront s'abstenir de paraître aux cérémonies commémoratives, fêtes d'armistice, inaugurations de pieux monuments de carton-pâte, et autres dérisions. S'abstenir, ou défiler en haillons, précédés d'un drapeau en loques, où sera brodé, en coton à repriser, un tarif comparatif du prix, en Indochine, des membres laissés au service de la patrie, rapporté à celui d'une bouteille de champagne décapitée dans les grands hôtels !

Mais j'entends la réponse. Cet abondement, l'Administration l'accorde à ceux qui en sont dignes : aux besogneux, aux nécessiteux. Elle l'accorde à titre gracieux, pour parler son langage, qui est celui des monarques. Oui, et c'est bien cela dont nous ne voulons pas ; c'est bien cela qui est pire peut-être qu'une mesure brutale, mais stricte et applicable à tous, de refus. Nous n'admettons pas que le prix des services ou celui du sang ne soit versé qu'à un quémandage humiliant ; qu'une dette sacrée prenne les couleurs d'une obole, d'une prime à la misère. Et pas davantage, nous n'admettons que l'Administration fasse de l'abondement un article de son programme général d'arbitraire et de faveurs, l'objet d'un marchandage avilissant, le salaire d'une protestation effrénée de dévouement à ses pontifes et d'acquiescement servile à ses oukases. Cela, c'est dans toute sa hideur, dans tout l'apparat insolent de son cortège démoralisateur, dans toute la nocivité sournoise de son mécanisme d'effritement des énergies et de dégradation des caractères, le régime de cour.

La fin du régime de cour. — Comme avec la politique anti-française, il faut en finir avec le régime de cour. — Avec ce régime — le nôtre — où la flagornerie prend le pas sur le mérite, où « tel est notre bon plaisir » est la régle suprême, où le pouvoir devient méchant, d'être sans frein ! Il faut le chasser, cet air qui fut celui des cours, cet air ranci, où achèvent de se décomposer les principes diffus des absolutismes abolis et qui donne, sous le soleil du XXe siècle, au Secrétaire général d'une colonie de la République française, figure froide, molle et pourtant pétrie de dureté, masquée d'un mystère inquiétant et dominant de sa redoutable pérennité les révolutions éphémères de palais, pour tout dire, figure de Grand Vizir ! Il est mauvais, cet air-là, délétère. C'est lui qui coagule, un beau jour, en champignons monstrueux les spores toxiques disséminées, qui fait sortir les Damiens, les Louvel. . . . et les Desvignes. Il tourne à l'empoisonnement universel.

Il faut en finir ! Il faut en finir avec ces Français de deuxième zône, parias des couloirs et des antichambres, qui, faute du mot de passe d'une puissante protection, poireautent indéfiniment sous l'œil arrogant des plantons, pareils à ce convive de l'Evangile qui restait plongé dans les ténèbres extérieures, parce qu'il n'avait pas la tunique nuptiale pour s'asseoir à la table brillante du banquet ! Il faut que tout le monde sache qu'en République française le plus beau titre est celui de citoyen français — ainsi, jadis le *civis sum romanus* — et qu'il ne comporte pas de subdivision — *narbonensis aut valentianus sum civis*. Il faut instaurer dans les palais administratifs les mœurs familiales de la Maison Blanche. Il faut, oui, il faut que les dirigeants apprennent, comme leur premier devoir, la bienveillance envers les Français. Il faut que ceux-ci, dans leurs efforts généreux pour œuvrer à la mesure de leurs moyens, cessent de sentir, attachés à leur nuque, ces regards narquois prêts à s'aiguiser de raillerie à leur premier échec, voire cette hostilité franche, prête à transformer en knock-out leur premier faux pas, prête à transporter, comme sur une civière, cette carcasse de vaincu au quai de réembarquement.

La véritable œuvre française. — Mais qu'importent, grands Dieux ! un, dix, vingt échecs ! Qu'importe les déchets, qu'importe un rendement médiocre ! En vérité, croyez vous que l'Australie et les Etats-Unis ont été faits avec la fine fleur des universités anglaises ? Uu Français de plus ici, un Français avec ses bras, sa tête, son cœur — car il n'est œuvre que d'amour — avec la parcelle de tradition française dont il est le déposant, voilà ce qui compte. Voilà la pierre inébranlable de l'édifice, et voilà le grain incorruptible de la future moisson — Auprès de ce capital, le vrai, que me font vos capitaux bancaires et leur fallacieuse pluie d'or ! Mais vous, ce gros Bibendum gouflé et capitonné de liasses qui vous débarque, l'œil émerillonné et le cigare au bec, — il irait aussi bien en République argentine ou en Turquie, mais on lui a dit que la place était bonne — vous lui faites, dès le quai, la haie d'honneur et les roulements de tambour et les présentez armes ! Il est vrai qu'il a des fauteuils, dans ses salles de conseils d'administration, des fauteuils à sous-cul doré, pour la retraite de vos grands vizirs !

Les progrès réels de l'Indochine sont mesurés par le nombre, par l'activité, par la valeur des Français indochinois (1). Or, il n'y a d'activité vraiment féconde que l'activité libre, que celle qui s'insinue, fermente, s'accroît dans les formes multiples et changeantes de la vie. L'œuvre administrative coordonne, active, maintient l'œuvre de la vie ! elle ne saurait la suppléer. Elle est pareille à l'agriculteur qui prépare les cellules ou le couvert de la ruche, mais il n'est de miel que butiné par les abeilles. L'œuvre administrative est néfaste, où, sous prétexte de prévenir les excès de la vie, elle tue le principe vivant lui-même. Ainsi, certains firent en Indochine qui feignirent de s'épouvanter des bouillonnements des agitations fermentaires de la vie, et dont l'esprit,

---

(1) Pas un mot pour eux, lors du débarquement de M. Long à Marseille. On n'entendit que : « Je, Je…Je…. » !

noyé d'autocratisme, poursuivait un idéal de gélatine morne et insensible aux réactifs. Je vous demande un peu si les annales de Québec, de Chicago, de Hong-kong ne sont pleines que des hauts faits de l'Administration !

La future nation indochinoise en est au stade où l'œuvre doit être faite par les énergies individuelles. Ici doit être honoré, exalté, enseigné, l'individualisme qui, venant à son heure, fit la force de la Révolution. N'est-ce pas ainsi que l'a senti la France quand elle s'est jetée dans la conquête coloniale ? N'est-ce pas ainsi que l'ont entendu tous ceux qui se sont donnés à l'œuvre coloniale, parce qu'elle apparaissait comme la libératrice des entraves, des contraintes, des masses d'inertie d'une métropole plus évoluée plus tassée, plus empêtrée de frottements et de soudures ? Ni l'une ni l'autre des deux nouveautés géantes où aboutit la philosophie collective — le socialisme et le capitalisme bancaire — n'a de logis pour elle ici. Ainsi les colonies apparaissent déjà comme des refuges, des abris heureux, dans la dure bataille mondiale que ces deux filles d'une même mère vont se livrer.

C'est pourquoi j'aimerais nous voir affirmer, par un je ne sais quoi dans nos goûts, dans nos mœurs, dans nos plaisirs mêmes, cet esprit hardi des pays neufs. Plutôt que de nous confire dans cet air assurément respectable, mais popote, lambinet, désuet, que nos capitales indochinoises, — Saigon comprise, quoiqu'elle aime à donner le change — que nos réunions de compagnie semblent avoir pieusement importé de quelque paisible chef-lieu d'arrondissement, j'aimerais nous voir mordre à la verdeur un peu acide de l'américanisme d'après Washington. Je nous voudrais nos littérateurs, nos musiciens, nos peintres, et qu'ils aient des audaces typiques ; nos danses, nos modes, je dirais presque nos manies, dussent-elles faire rire, dussent-elles au besoin scandaliser la vieille mère. Tout cela vigoureux de relief, haut en couleur, fusant de vie. Surtout je voudrais que, pionniers, explorateurs, nous ayons le goût de l'invention, de la découverte ; que, citoyens d'un état moderne, nous réclamions en tout l'ultra-moderne, le dernier cri, *l'up to date* : des téléphones parleurs et non des moulins à café, des stylos dans nos bureaux de poste et non des flaques d'encre où trempent d'ignobles tortillons de papier sale, des wagons ventilés le jour et éclairés la nuit, des piscines dans nos villes plutôt que des mares. . . . D'un mot, je voudrais un particularisme indochinois, mais que son trésor local soit d'espérances et non de souvenirs.

Croyez bien que le régime de cour ne fut pas pour rien dans l'abîme actuel entre mon idéal et la réalité. Que les anciens se souviennent ! Il y a quinze ans, la flamme était haute dans les cœurs indochinois, cette flamme que le vent de la Victoire eût dû superbement attiser ! Elle fut étouffée sous le boisseau administratif, en même temps que cet esprit fort de l'Urbs dont le reflet donnait à de médiocres visages saigonnais ou haïphonnais une couleur de patricien de Venise. Pour qui médite et compare nul doute, nulle hésitation possible. La grande erreur, l'erreur mère fut la conception exclusivement administrative de l'organisation sociale que nos gouverneurs, députés radicaux, empruntèrent à la monarchie des Halsbourg. Ce monstre inerte, monocéphale et polypode, met en fuite ou écrase l'essaim brillant des spontanéistes de la vie. Son souffle asphyxie la liberté, cette gardienne ailée des portes aériennes de l'avenir. Où étaient des hommes, des citoyens, au sens plein de l'antique, ne se retrouvent plus que des administrés, lents à la foi, mais prompts à l'alarme, à la panique, comme à la guerre tous ceux-là qui sont sans force d'être sans responsabilité. Qui le niera? Qui niera que peu à peu cette idée, comme un paludisme déconcertant, a pénétré nombre de cervelles que « d'une façon ou d'une autre, dans vingt ans nous ne serons plus ici » ? Qui n'a vingt fois entendu la phrase, qui n'a vu vingt fois le haussement d'épaules sceptique ou découragé ? Qui surtout n'a surpris les tristes conséquences, l'indifférence, le laisser-aller, la veulerie, tranchons le mot, la corruption des pays et des époques dont « le café font le camp », cet air qu'a chacun de boucler des malles et d'y empiler fiévreusement les dernières piastres? Eh bien, non, les yeux hauts, Français, mes frères ! Dans vingt fois vingt ans, les petits-fils de nos petits-fils seront encore ici.

Le fonctionnaire est un colon. — Je me plais à penser que personne, en me lisant, n'a pu croire qu'en attaquant les méfaits d'un *tchin* administratif, inspiré, dans sa besogne néfaste, par trois ou quatre grands responsables que j'ai nommés, qu'en attaquant surtout la conception d'une politique indochinoise envisagée uniquement comme un problème d'administration indigène et en montrant comment, sur cette conception erronée, s'est greffée une politique anti-française, personne n'a pu croire qu'en écrivant tout ceci, j'aie voulu jeter quelque discrédit sur le corps de nos fonctionnaires (1). J'y compte, je m'en flatte et je m'en réjouis, de nombreux amis, à tous les échelons, aux plus humbles comme aux plus proches du faîte, et je ne cache ni mon affection ni mon estime pour eux. Quand je parle « d'hommes libres », quand je parle des « indépendants », il est bien entendu que j'envisage comme secondaire cette indépendance que donne l'argent ou la situation. L'homme libre, pour moi, c'est d'abord celui qui tient pour le premier des biens non cette indépendance matérielle, mais celle du caractère et de l'esprit, c'est celui qui, comme nos pères quand ils fondèrent la République, hait, d'un cœur sincère, les chaînes dorées du régime de cour.

J'ai dénoncé plus haut, comme un des fruits détestables de ce régime de cour, l'opposition qu'on a tenté le faire naître entre le fonctionnaire, d'un côté, et le commerçant, le colon, l'industriel, etc..., de l'autre. Ce prétendu fossé je ne mets pas des lunettes complaisantes pour ne pas le voir : je nie formellement qu'il soit. J'ai touché ce

---

(1) Rien n'est plus significatif que la querelle qui vient d'éclater au sein des Amicales de Cochinchine au sujet de leur attitude envers l'Administration. Celle-ci y est nettement envisagée comme un pouvoir dictatorial, essentiellement distinct de l'ensemble du corps des fonctionnaires.

point à propos de la question des soldes qu'il me soit permis d'y revenir plus au large, maintenant que, par la doctrine, un horizon nouveau nous est ouvert.

Contre la réduction des soldes, je n'ai fait état jusqu'ici que d'un argument de justice. Mais il en est un autre, non négligeable : l'argument d'intérêt public. Or, il a deux faces, l'argument d'intérêt public, comme qui dirait un côté ombre et un côté lumière. Le côté ombre, c'est la vilaine action, le crime, de notre point de vue, que commettrait une politique créant ici, au plus bas étage, une classe de fonctionnaires crève-la-faim. Car évidemment l'état de misère de ces Français d'Indochine serait le prélude et peut-être le prétexte — prolétariat blanc- — à sa proche disparition. Le côté lumière, c'est l'intérêt que trouve l'État à avoir des fonctionnaires, bien payés, et non pas des fonctionnaires quelconques, mais des fonctionnaires coloniaux, c'est-à-dire des fonctionnaires jouissant tous, à degré variable, du privilège diplomatique de représenter la nation-mère, des fonctionnaires dont les appointements comprennent, pour tous, une part intrinsèque de frais de représentation : La France, qui n'est pas, Dieu merci ! le Gouvernement général de l'Indochine, veut qn'il y ait ici pour la représenter, pour l'incarner, pour être à la fois le garant et l'agent de sa mission, une vie française, une vie de Français ayant transporté pour toujours sous ce ciel leurs dieux lares. Elle compte d'abord, pour son œuvre, sur ces Français qui feront souche et qui éleveront leurs enfants dans les traditions ancestrales de probité, d'honneur, de gentillesse d'esprit, que le soleil tropical ne tue pas. La France, qui n'est pas M. Cognacq, sait que la vie annamite se modernisera, s'enrichira, par le voisinage, l'émulation, le frottement, l'apparentage à cette vie française d'Indochine, plus et mieux que par l'absorption à outrance des formules et pilules du savoir.

Les fonctionnaires ne sont-ils pas tout désignés pour former ce noyau d'immigrants ? Fonctionnaires bien payés, cela veut dire fonctionnaires qui ont un intérêt matériel à rester dans la colonie, cela veut dire fonctionnaires qui font le nécessaire pour y rester longtemps, qui comprennent que leur vie est agrafée, clouée ici, qui ne sont plus des hôtes d'un jour, ne s'intéressant à rien qu'à rogner sur le licite ou à grappiller sur l'illicite pour amasser au plus vite le pécule du congé - ce congé qui est l'âme de la vie coloniale, pour les théoriciens de la solde en francs. Cela veut dire -- car le vieil adage est toujours vrai, *ubi bene ibi patria* — des gens qui apportent ici, non pas seulement leur derrière, leurs doigts et leur porte-plume, mais leur bon vouloir, leur ferveur, leur cœur, sans lequel rien de grand n'est fait. Cela veut dire les oiseaux de passage remplacés par des couples qui nichent, (1) qui élèvent leur nichée, sans qu'elle ait à souffrir de sa naissance

---

(1) Veut-on nous ramener aux pires errements d'antan ? Recruter le fonctionnaire colonial parmi les épaves de la vie métropolitaine ? Garnir nos annuaires d'irréguliers ou d'anormaux, pour qui la solde n'est qu'un appoint au livre des comptes du poker ?

exotique, en sorte qu'elle aussi, la saison dés amours venue, viendra fonder son nid sous ce ciel heureux. (1)

Et nous voilà au cœur de la vérité. S'il n'est pas quelque jour colon lui-même, à sa retraite, au cours d'un congé, le colon le sera dans son fils. Et s'il ne l'est pas dans son fils, il le sera dans ses petits-enfants. Un pays en mouvement de vie, en devenir, en progrès, c'est comme une bicyclette ; à tous deux le mouvement même fait leur équilibre, mais pour les conduire sans culbute, il faut regarder loin devant soi. Ne regardez pas l'homme, regardez la lignée. Je suis bien tranquille, il peut y avoir dans un poste deux groupes, l'administratif et le non-administratif, qui se regardent en chiens de faïence. Ils ne feront pas souche de deux clans indochinois.

La doctrine de la nation indochinoise n'est pas annamitophobe. — D'autres m'ont dit : « Mais vous êtes annamitophobe ! » Quelle sottise ! Je laisse de côté mes sympathies particulières, les amitiés sincères et nombreuses, les affections même que je me suis créées parmi les indigènes. Mais expliquez, de grâce, pourquoi les journaux annamites, qui avaient lu tous mes articles saigonnais — et maint passage de cette étude n'en est qu'une reproduction — menaient leurs campagnes coude à coude avec les miennes ! Moi je peux vous l'expliquer tout de suite.

Les Annamites voient aussi clair que nous que le prétendu zéle annamitophile gouvernemental n'est qu'un prétexte à tenir en échec les revendications françaises, et principalement celles qui touchent aux assemblées élues. Ils savent très bien qu'ils sont dupés et que le gouvernement divise pour régner. Ils savent très bien que la France ne leur donnera jamais une représentation politique ayant voix sérieuse au chapitre, sans que la représentation française soit elle-même organisée en contre-poids. Mais les gouverneurs généraux qui, à l'école de M. Sarraut, (2) croyaient pouvoir jouer d'une représentation annamite supposée plus à la main contre une représentation française d'humeur indépendante, se sont brusquement effrayés de l'union éventuelle, et probable, de tous les élus contre l'arbitraire administratif ; ils ont préféré dès lors continuer de traiter les Annamites en mineurs, en se disant, pour un temps indéfini, le Père et la Mère de ces mineurs. Au pays de la piété filiale, qui oserait élever la voix contre

---

(1) Il faut noter, à côté de cet intérêt philosophique, si vous voules, un intérêt prosaïque pécuniaire, immédiat pour l'Etat : celui des économies de transport réalisées, quand le fonctionnaire et sa famille prolongent leur séjour. Le compte, facile à faire, est péremptoire.

(2) Sarraut détestait les Saigonnais pour la fierté de leur esprit civique — elle existait en ce temps-là. Il chicanait aux Français d'Indochine leur droit de vote, avec de tels arguments sur leur exemption d'impôts, qu'un interlocuteur ne se tint pas de lui faire observer, un jour, que feu M. Guizot se trouverait sans doute très flatté de rencontrer ses chères théories du vote censitaire sur les lèvres d'un pur du suffrage universel.

papa Gouvernement et maman Administration ? Vous pensez bien que les Annamites ne sont point si sots que de s'entortiller dans une malice cousue d'un fil si épais.

Au surplus, en quoi la théorie de la nation indochinoise est-elle faite pour leur déplaire ?

Sans doute elle rabat les prétentions historiques de quelques exaltés, qui trouvèrent malheureusement à leurs élucubrations l'encouragement de trois ou quatre Français férus d'une annamitophilie mal comprise (1). Mais l'histoire reste l'histoire. Ne peut être appelée nation entité ethnique qui, dans le passé, ne laissa son empreinte propre sur quoi que ce soit. Art, législation, industrie, fock lore même, tout cela, au pays d'Annam, est purement chinois (2). Le seul indice, spécifiquement annamite, en ces imitations, c'est le rétrécissement, l'amenuisement, la puérilité. Grandeur est l'antithèse même de tout l'Annam ancien, et qu'est une conscience nationale sinon la conscience ou le souvenir d'une grandeur ? Quand ils approchèrent d'une grandeur, comme la civilisation cham, les Giao-chi n'eurent qu'un souci : celui de la détruire. Même le vaste souffle boudhique, qui fit courir dans le monde jaune de si merveilleux frémissements, ne put soulever ces craintifs au-dessus d'un animisme à peine supérieur à celui des Bantous. Le Français d'Entrecasteaux fit le tour du monde sur des barques de quatre cents tonneaux. L'Annam, dont le territoire n'est que rivages, n'eut pas même un marin au cœur assez hardi pour aller jusqu'à Manille. L'unité politique n'est qu'un mythe dans l'histoire des Annamites ; et les récits légendaires de leurs grandes victoires sur les Chinois ne sont qu'une interprétation tartarinesque des flottements, des ondoiements, des alternatives diverses que, pour des raisons intérieures, la Chine connut dans sa politique coloniale — ainsi de nos jours les grandes nations européennes.

Laissons donc un passé qui n'est que poussière.

L'Annamite constitue un élément ethnique excellent, malléable, compréhensif, attaché fortement à ce noyau cellulaire : la famille, actif, sinon travailleur, sensible, comme nous-mêmes, à l'aiguillon de la fierté. L'erreur qui fit identifier la politique des nations à celle des races est aujourd'hui périmée. Toute grande nation, les Etats-Unis, la France même, est un conglomérat de races. Travaillons avec foi au conglomérat de la nation indochinoise.

Que demande au fond l'Annamite instruit ! Il demande d'être un gentleman de la civilisation moderne. Il le sera, dans un veston de

---

(1) Cet excellent Crayssac, étourdi par les rimes qu'il ajustait à Kim-van-Kieu, prit gravement, dans une conférence à l'A. F. I. M. A. comparaison et mesure entre la littérature française et l'annamite — qui n'est que lambeaux de traductions ou d'adaptations chinoises. On regrette de voir des personnalités de la valeur de M. Aurousseau donner à ces rodomontates posthumes l'appui de son érudition.

(2) L'ordonnance royale du 9 novembre dernier revendique comme à plaisir cette ancestralité céleste.

coupe française, mieux que dans une risible soutanelle retaillée à la
higk life tailor, et tout en gardant sa place hiérarchique dans son
groupe. Car la théorie de la nation indochinoise juxtapose, associe ;
elle ne prétend pas unifier par décret (1). Si elle appelle tous les indigènes au bénéfice de ce fondement des états modernes : la surveillance
de la gestion de la bourse commune par les représentants élus de
ceux qui remplissent cette bourse, elle ne dit pas que les modalités
de cette élection doivent être partout les mêmes, qu'il faille, par
exemple, étendre, du jour au lendemain, le suffrage universel au nha-
qué. Tout au contraire. Le modernisme est compatible avec les formes
les plus diverses de l'organisation sociale. Celle, actuelle, des indigènes
doit être progressivement modifiée, améliorée, sur certains points,
consolidée sur d'autres, non bouleversée à tort et à travers. Ici, comme
en toutes choses, les bœufs doivent marcher devant la charrue, les
mœurs précéder la législation.

Les Annamites, laissés seuls devant l'Ogre administratif, seraient
bien vite croqués, et je répète qu'ils le savent. De même, dans la lutte
économique, ils viennent à égalité ou presque avec le commerçant européen qui gère, en son nom personnel, son fond de commerce. La rue
du Coton peut soutenir la concurrence avec la rue Paul Bert. Mais que
peuvent faire ces « poids légers » contre des masses blindées telles
qu'une Banque de Paris ou des Pays-Bas ou un consortium-Candelier,
épaulées par surcroît de toute la puissance officielle ? Rien, et ils n'en
doutent pas. Ce serait la lutte du pot d'argile contre le pot d'argent.
L'attitude significative des Annamites, dans l'affaire du Port de
Commerce — où ils voient à juste titre s'ouvrir les mâchoires inquié-
tantes d'une tenaille financière géante — s'explique aisément.

Est-ce à dire que nous sommes a priori l'ennemi de l'action des
sociétés financières, des sociétés anonymes à denses capitaux ? Nulle-
ment, elles ont leur rôle à jouer, même aux jours de l'individualisme.
Mais nous réclamons d'elle cette condition première que nous réclamons des individus, d'être indochinoises. Nous rejetons tout ce qui, de
près ou de loin, rappelle la théorie des colonies-comptoirs, tout ce qui
s'installe en Indochine comme on fait du négoce en pays étranger. Le
monopole du Port de Commerce, par exemple, est une affaire comme
les Français en font en Turquie ou en République sud-américaine, non
dans leur propre pays. Je veux pour mon Indochine des amants de
cœur, non des coureurs de dot « couchant en joue » comme disaient
nos pères, cette belle fille bien pourvue. Nous, ses amoureux sincères,
nous détestons également et nous pourchasserons du même fouet, sous
quelque peau qu'ils se cachent, ceux qui ne voient ici qu'un fond de
commerce à exploiter, qu'une mine de piastres à épuiser, qu'un champ
fertile à ravager, pour aller en consommer les fruits sous d'autres cieux.
Le mot « dominion », puisqu'il est tombé d'une bouche éminente (2)

---

(1) C'est l'autre théorie que nous vaudra, et plus tôt qu'on ne pense, du gra-
buge. Entre la situation des Indes et la nôtre, il n'y a qu'un décalage de temps.
Ici et là l'erreur fut la même. On a voulu faire du modernisé au lieu du faire de neuf
(2) Celle de M. Merlin.

nous le recueillons volontiers pour marquer le terme lointain de nos aspirations ; mais sur notre bannière de combat, nous préférons, pour l'heure, voir briller notre cri de ralliement :

L'INDOCHINE PAR LES INDOCHINOIS

Achèvement du programme. — Le reste du programme s'entend de lui-même.

En finir, grâce aux assemblées élues, grâce à une intervention moins réticente de tous les mandataires, avec un mode gouvernemental qu'un inspecteur de la Métropole a pu définir en toute justesse : « une autocratie tempérée d'anarchie » ce qui nous met assez loin d'une filiale de la République.

En finir avec tous les mensonges : mensonge financier, mensonge économique, mensonge politique. On peut penser ce qu'on veut du développement de l'Indochine, l'envisager, selon la préférence de ses intérêts personnels, comme agricole, industriel, minier. . .Ce qui est inadmissible, c'est l'incohérence et la contradiction. Ce qui doit être réformé, c'est un régime douanier sans lien avec la politique économique du pays, (1) un régime où la mesure douanière est la boulette de mastic fiscal qui bouche un trou du budget.

On peut penser ce qu'on veut des bienfaits d'une Agence Economique. Ce qui est inadmissible, c'est qu'elle batte le tam-tam à grands frais sous prétexte de diriger vers l'Indochine des énergies françaises, alors qu'on refuse ici d'y retenir, à frais dix fois moindres quand on ne les rebute pas franchement, celles qui firent le voyage, vingt ans avant que n'existât l'Agence Economique.

On peut penser ce qu'on veut des agents commerciaux, excepté que leur rôle soit de faire à leur propre compte les affaires dérobées aux commerçants.

En finir, enfin, avec la gabegie, avec les dépenses somptuaires, avec les gospillages d'argent, parés soient-ils de tous les timbres de la comptabilité régulière. En finir avec la gabegie, et du même coup, détourner le spectre de la diminution des soldes.

Pour tout dire, en finir avec les tribulations du passé, tourner le dos à son cortège d'erreurs et de fautes, aborder, le cœur ferme et les yeux libres, l'ère nouvelle, les rivages heureux de l'avenir indochinois.

CONCLUSION

Avant que cette réforme politique essentielle ait abouti, et précisément pour aider à la faire aboutir, vous avez à nommer un délégué. J'ai posé ma candidature et maintenant me voici devant vous.

---

(1) Un régime de droits à l'exportation !

Après ce que je viens d'écrire, je suppose qu'il n'y a pas de malentendu possible entre nous et que vous savez clairement la signification du vote que je vous demande.

Le rôle du délégué. — Il est une première façon d'envisager, pour vous le rôle, pour moi les devoirs du délégué. Le collège électoral d'Annam, on le tient, n'est-ce pas ! pour une manière de grande famille, assez unie, encore qu'on s'y chamaille ainsi qu'en toutes les familles, et passablement dispersée. Le délégué, c'est quelqu'un comme le cousin que tout le lot de la province envoie à Paris, pour discuter les intérêts collectifs dans une histoire d'héritage assez compliquée, pour se chipoter avec les notoires, avec les représentants de l'autre branche... etc... et, ma foi, profitant de l'occasion, pour rapporter les commissions. Eh ! mon Dieu, cette conception a sa bonne part de vérité ; et pour ce qui me concerne, aux devoirs qu'elle me fixe, je ne ferai point défaut. Naturellement, elle implique qu'on connaît le délégué, qu'on lui fait confiance. Voilà le hic, car me voilà contraint de vous parler de moi. Vous pardonnerez, messieurs, à ce qu'une autobiographie a toujours d'un peu haïssable.

Je suis fils d'officier de marine et petit-neveu par ma mère de Gérard le Tueur de lions. Vous voyez que j'avais dans le sang de quoi me pousser vers « la colonie » ; je n'ai pourtant jamais tué de tigresse. Officier moi-même dans l'artillerie coloniale, j'ai passé quelque treize ans de ma vie en Extrême-Orient, et pour l'heure, ma sixième année d'un séjour ininterrompu en Indochine s'achève. J'ai fait la guerre, honorablement, puisque j'en ai rapporté trois citations. L'une d'elles, qui citait à l'ordre du jour de l'armée, avec moi, tout le groupe d'artillerie que je commandais, m'a particulièrement donné matière à plaisir et fierté. J'ai écrit quelques livres sous la signature d'*Henry Daguerches*. Certains, dont un *Kilomètre 83*, où je célébrais l'Indochine ont connu le succès. J'en publierai d'autres quand j'aurai plus de loisirs. Mon ami Crayssac, qui a eu le prix de littérature à l'Exposition Coloniale, reproduit de temps en temps, dans les *Pages Indochinoises*, des vers de moi qu'il a raclés dans le fond de mes tiroirs et que je trouve exécrables. Mais il refuse d'imprimer ceux que je trouve bons. Il ne les juge pas assez indochinois, c'est qu'il lit mal dans mon cœur. Je n'ai pas de casier judiaire, et pour aussi loin que je remonte dans mes souvenirs, une rougeole que j'eus vers l'âge de neuf ans prit tout de suite ce caractère bénin qui devait s'attacher, sinon à ma personne et à mes polémiques, du moins à mes maladies et infirmités. Pour mon caractère, s'il est quinteux, râpeux, rogneux ou tout d'angles arrondis et de contacts veloutés, mes amis vous le diront mieux que moi. Il n'en manque pas en Annam. Et d'ailleurs cela n'a pas grande importance. Ce qui est plus important, c'est de savoir que je tiens mes promesses et rends, au décuple quand je peux, le bien pour le bien et le mal pour le mal. J'allais oublier. Étant en Cochinchine, j'ai dit à Cognacq un tas de vérités désagréables (1), ce qui m'a fait un

---

(1) Dans la « Vérité ».

plaisir ineffable et m'a valu, avec sa haine éternelle, l'affection chaleureuse d'un nombre incalculable d'honnêtes gens. Je crois que je vous ai dit l'essentiel. Direz-vous que, venant de moi, ces renseignements sont suspects ? Ma foi, en va-t-il d'autre sorte, dans le train de la vie, pour les trois-quarts des jugements que nous portons sur nos connaissances. Et dans mon cas, du moins, tout cela est facile à vérifier.

Le deuxième champ que l'on peut assigner à l'activité d'un délégué est ici même, autour des délibérations du Conseil de Gouvernement ou de sa Commission Permanente. Le délégué débat, critique telle ou telle mesure, suggère telle autre, vient à la rescousse de tel individu ou de tel groupement arbitrairement menacé. . . . etc . . . Bref, il est dans une assemblée, trop encline de par sa composition aux récitations de l'Amen ! un principe decontrôle, de libre-examen — le gros grain de sel qui garde de la crruption. Monsieur le Délégué a dans son ombre des bouts de profil de chapeau de gendarme.

Là encore, je vois un rôle utile à jouer, des devoirs que je m'engage de bon cœur à remplir. Mon amour de l'Indochine, la longueur du libre séjour que je viens d'y accomplir, vous garantissent que je ne prendrai point la poudre d'escampette, pour m'aller engluer à l'asphalte des trottoirs parisiens. Je ne puis oublier cependant que le rôle constitutionnel de Délégué est au Conseil supérieur des Colonies. A trop tourner autour des délibérations locales, il risque soit d'y jouer la mouche des coche soit — péril plus grave — de s'y contaminer à l'air de la maison ; d'entrer dans le réseau des intrigues, des marchandages, des compromissions, de faire, de son opposition, une carte marquante au jeu de ses intérêts personnels. M. de Monpezat n'a que trop pincé de cette guitare ; il est dans la logique de ce qu'il appelle sa carrière politique, en insistant, comme il le fait dans son programme, sur les services locaux du délégué. J'estime quant à moi qu'un partage de temps égal — et bien entendu annuel — entre la France et l'Indochine, prenant le temps des voyages de préférence sur la période indochinoise, fait la juste mesure.

Je ne puis oublier que l'œuvre à laquelle je vous convie ne peut aboutir qu'en France.

L'heure exceptionnelle comporte des devoirs exceptionnels. Il ne s'agit pas de taquineries sur les fesses de dame Administration ; il ne s'agit pas d'un changement plus ou moins heureux dans le hant personnel gouvernemental. Il s'agit d'une véritable révolution dans la politique coloniale suivie depuis cinq ans en Indochine. Ouvrir des yeux béatements fermés, forcer les convictions devant l'évidence, dans un monde parlementaire pour qui l'existence même des convictions n'est pas une nécessité absolue, c'est besogne autre que discutailler avec M. Lochard pour ne pas payer ses impôts miniers. C'est de France que doit partir le souffle puissant de la ventilation nécessaire ; c'est le doigt de la France qui doit montrer l'étoile dans la vie nouvelle de nos destins.

Notre œuvre se fera, avec ou sans M. Sarraut, lui-même choisira son camp, mais elle se fera. De M. Sarraut, j'ai dit tout ce que j'avais à dire : il a sa part dans les erreurs de la politique indigène, il a sa part dans l'intronisation du népotisme et du régime de cour ; il a sa part de gaspillages dans les campagnes officielles de publicité, sa part de menteries, sa part de compromissions avec la finance ; surtout il a sa part, une part de choix, dans l'ajournement indéfini des promesses relatives aux assemblées. Connaissant mieux que quiconque la gravité des luxations infligées par les « clefs » brutales d'un Long à l'organisme indochinois, il nous a nantis, en guise de rebouteux, d'un Baudoin. Il a fait de Cognacq un gouverneur de la Cochinchine. Malgré tout, je veux faire crédit à ses qualités de cœur, à la finesse de son esprit, à la sincérité de son attachement à l'Indochine. Songeant à la gravité du débat, je ne puis m'empêcher de songer à cet autre débat qui éteignit les consciences pendant la guerre. Bien peu de combattants doutaient qu'un enseignement pernicieux de l'École de Guerre n'eût engendré les hécatombes stériles de 1915 ; mais l'élite de l'armée française sortait de l'École de Guerre ! Il nous fallait, pour la victoire, des Buat, des Pétain, d'anciens élèves de l'École de Guerre *convertis*. Le Ciel mette sur ma langue ou au bout de ma plume le miel des persuasions apostoliques pour obtenir la conversion de M. Sarraut !

De même que d'aucuns m'ont dit annamitophobe, d'autres m'ont traité de rêveur. Quand je leur parlais de la future nation indochinoise, ils hochaient la tête ; ils me parlaient des Français ivrognes, des miséreux sans métier pendus à toutes les basques de l'aumône administrative, de la fourberie, de la paresse, de la versatilité annamites, de l'amoralité des métis. Je leur répondais : « Fort bien ! Mais si nous n'avons pas la foi, que faisons-nous ici ? Être les précepteurs, les tuteurs d'aspirants démocrates, quitte à retarder par toutes les astuces de la chicane l'heure de l'émancipation et du règlement de comptes, est-ce un idéal, est-ce un dessein à la taille du génie français, une œuvre à la mesure séculaire des entreprises françaises ? Est-ce seulement pour que ce sol nourrisse pendant quelques années un contingent provisoire de fonctionnaires, que tant des nôtres l'ont ensemencé de leurs cendres ? Si vous ne voyez pas l'étoile, si vous ne sentez pas ici, comme une femme sent remuer dans son ventre, la gestation d'un prodigieux avenir, allez-vous en ! Allez-vous en, et ayez au moins le courage de votre logique : dites qu'il faut vendre l'Indochine, pendant que c'est encore une bonne affaire de la vendre !»

Rêveur, mystique, illuminé, les mots ne m'importent !

J'ai la foi. Électeurs d'Annam, dites que vous l'avez avec moi ;

Charles VALAT
(Henry Daguerche)
Chevalier de la Légion d'Honneur, Croix de Guerre.

APPENDICE I

Programme particulier pour l'Annam.

Au cours de ces soixante-douze mois de résidence indochinoise,
j'ai longuement circulé sur les routes d'Annam ; en maints endroits,
Hué, Dalat, Thanh-hoa, Phan-tiet, Quang-tri, Tourane, etc..., j'ai fait de
durables séjours. Je crois connaître le Sud Pacifié, je suis sûr de le
chérir. Il est pour moi la région élue, le jardin prédestiné, la terre où
bat je ne sais quelle pulsation secrète qui répond à celle de mes
veines. C'est vers ses sables blancs et ses eaux de jade que ma pensée
se tournait quand je faisais mes adieux de publiciste aux Saigonnais.
C'est quelque part dans sa plaine ou sur ses montagnes que j'ai rêvé
de venir quelque jour, vaincu ou comblé par la Vie, déchausser mes
éperons, prendre ma retraite, la vraie, celle qui est le jardinet du
Sage devant la porte funèbre, celle où l'homme aux tempes neigeuses
n'a plus mieux à faire qu'à regarder en souriant la jeunesse — le peuple
aux cheveux noirs, comme disent les poètes chinois—œuvrer à son tour.

L'aimant, je me suis penché studieusement vers ses besoins, ses
misères, mais je pense aussi vers ses légitimes espoirs. Et voici les
notes que j'écrivais alors, dans la vague rêverie que j'aurais quelque
jour voix au chapitre de ses conseils. Je ne vois pas grand'chose à y
changer et les transcris telles qu'alors jetées. Bien entendu, je profes-
se qu'en économie politique, il n'est pas d'absolu. L'erreur d'aujour-
d'hui est la vérité de demain ; et toute solution raisonnable n'est
pratiquement qu'une cote mal taillée, qu'une composante laborieuse
entre des forces divergentes, qu'un moule provisoire aux possibilités
multiformes de la vie.

L'Annam économique. Un présent besogneux entre deux avenirs
magnifiques la mer et la montagne. Côté mer : les pêcheries et le sel.
Pêcheries, exemple de Phan-tiêt; espérances de la station de Nha-trang.
S'inspirer des entreprises de pisciculture de Java (voir *Bulletin
Économique* n° ? Voir aussi Dutreuil de Rhyns. *Poissons de la Chine*)
Le sel, grosse erreur à réformer. Et finir avec le monopole Lyard (1),
qui fît pratiquer une politique malthusienne. Le sel est la vraie
richesse de l'Annam (2).

---

(1) Qui n'est au reste, qu'un contrat de privilège devenu abusivement un
contrat de monopole.

(2) On apprenait tout récemment que les Japonais venaient d'acheter du
sel jusqu'en Espagne.

Créer un régime de liberté à l'exportation (avec taxes raisonnables) pour les salines privées. Côté forêt. Drainer méthodiquement la production forestière qui aujourd'hui rigole et s'égoutte par les petits ports à Chinois : bois précieux, plantes médicinales, cornes, peaux... etc... Là peut-être est l'avenir de Tourane : y créer les entrepôts — et le marché —, de la production forestière. Nous oublions trop souvent qu'un port a deux portes : celle d'entrée par terre et celle de sortie par mer. Un port n'est pas seulement une position maritime ; il est le débouché, la poche collectrice d'un réseau terrestre. Dans les préoccupations forestières du premier plan, ne pas oublier les incendies. La meilleure méthode pour en atténuer les ravages serait peut-être d'inculquer aux Moïs eux-mêmes l'esprit «garde», en les intéressant par des primes à la conservation des réserves. Entre les Moïs et le personnel européen du Service Forestier, devrait s'établir un large courant de relations. Il semble qu'on exagère la tendance à transformer le service des Forêts en une annexe des Douanes, à faire uniquement de ses agents percepteurs de taxes. Prendre là-dessus l'avis du personnel forestier, le premier qualifié pour le donner bon...

En tête des grands travaux, bien entendu, l'achèvement du transindochinois. Les Cochinchinois sont-ils si sots que de ne pas voir que la construction du Tourane-Nhatrang n'est pas moins intéressante pour eux que pour l'Annam ?

J'eus beau interroger tout le monde, je n'ai jamais pu savoir qui, en Cochinchine, avait poussé à dresser le pas au Mytho-Baclieu sur le Tourane-Nhatrang (1).

C'est très beau d'avoir un chemin de fer ; mais il faut avoir de quoi charger ses wagons. Quand on calcule le débit d'un transport routier par portage, on reste inquiet. Inscrivons donc en bonne place, au chapitre des modifications économiques de l'Annam, l'introduction progressive, en toutes les provinces, de la brouette, puis de la charrette.

Après le transindochinois — et le Tanap-Thakhek — les travaux d'irrigation. Ils soulèvent dans le Sud, région de Tuy-hoa, Gia, etc... un problème ardu, rajeunissement d'une antique querelle du pays d'Annam. Faut-il gagner de la rizière vers la mer ou vers la montagne, tracer le plan des digues pour sacrifier éventuellement la zone d'amont ou la zone d'aval. Les vieux mandarins, héritiers de la tradition cham — dont subsistent sur le terrain de nombreux vestiges et que les Annamites regardent comme ayant été leur initiatrice et leur guide infaillible — tiennent pour la prédominance du côté montagne ; nos T. P., enclins à renouveler leur erreur routière, semblent pencher pour le côté rivage. Je crains qu'ils ne se fourvoient.

Le problème du charroi, que j'ai abordé plus haut, se ramène, en fait, à un problème d'élevage, ou plutôt, je crois, de nourriture

---

(1) Je les ai aujourd'hui. C'est le consortium Candelier, lequel doit avoir, par marché de gcé à gré, le monopole (un de plus !) des travaux de construction (et plus tard, de l'exploitation).

du bétail. Il semble que le nœud de la question soit dans l'ignorance — presque générale, m'a-t-il paru — où sont restés les Annamites de l'emploi des fourrages secs. Il y a là, je crois, pour nos services agricoles, matière à fructueuse intervention.

Par ailleurs, je manque un peu de lumières sur la production agricole — riz mis à part — que nos colons peuvent attendre du sol ou des sols divers de l'Annam. Je n'ai pas clairement discerné pourquoi les cocotiers poussaient à merveille dans la région de Song-cau et avaient donné de cruels déboires dans celle de Phan-rang. J'aimerais recevoir à ce propos les enseignements d'une bouche autorisée (1); connaître, surtout s'il en est d'unanime, les desiderata de nos colons. Quelle extraordinaire chose, quand on y réfléchit, que de voir attendue si longtemps la réalisation d'un desideratum unanime ! Je pense quelquefois que l'Administration a le cerveau tourné comme celui d'un colonel, sous qui je servis, et qui refusait les permissions auxquelles personne — ni lui-même — ne voyaient objection, simplement pour que ces gaillards-là ne s'imaginent pas qu'on allait leur accorder tout ce qu'ils demandaient ».

Mais je n'en finirai plus si je rouvre le chapitre des amabilités de la Mégère !

A ces notes anciennes, il convient d'ajouter quelques observations.

On ne saurait parler de l'œuvre française en Annam, sans dire un mot de celle des missions catholiques. Elle a ceci d'abord pour elle, qu'on ne saurait lui ôter, qu'historiquement elle a précédé toutes les autres. L'exemple du désastreux Philastre nous montre d'autre part vers quels abîmes de sottises glisse celui qui veut, dans ce passé même, contester son opportunité. Qu'on le veuille ou non, la tradition religieuse reste un des éléments de la tradition française, de la civilisation française. Il s'y ajoute pour nous, Français d'Annam, cette gratitude particulière que, les Missions n'eussent pas existé, nous ne serions pas ici ; et qu'étant ici, par deux fois nous n'y serions pas restés, si l'insistance de leur pasteur, Mgr. Puginier, n'avait provoqué l'intervention parlementaire décisive de ce grand patriote qui fut Mgr. Freppel. Je ne crois pas qu'un homme raisonnable puisse faire aux Missions de l'Annam le grief de songer abusivement à l'accroissement de leur patrimoine matériel. Par contre, elles risquent actuellement de voir leur patrimoine moral — qui est celui de dizaines de milliers d'Annamites dont les pères l'arrosèrent de leur sang — gravement lésé. Je veux parler de l'enseignement primaire indigène au pays d'Annam. Il n'est pas neutre ; il est officiellement teinté d'une mixture boudho-confucéenne ; il est confessionnel (2) Je dis sans fard — et j'espère que tout vrai libre-penseur souscrira à nos paroles — que les

____

(1) Ce sera chose faite avant mon arrivée à Hué.
(2) Et cette tendance est nettement aggravée par les récentes prescriptions du roi aux villages sur l'observance du culte.

catholiques annamites ont le droit de considérer que leur confession vaut l'officielle. La doctrine, la morale chrétienne est tout de même à nombre d'enjambées devant celle de Confucius, sur le chemin de la civilisation moderne !

Il paraît donc juste de faire droit aux desiderata des villages chrétiens sur la matière. Cela peut se faire de deux manières : soit par la création d'écoles officielles, dont le programme serait identique à celui des autres, à l'exception de la partie morale et philosophique, où serait substitué un enseignement selon le vœu des parents, soit par la création d'écoles libres. Ces écoles libres recevraient leur part de budget de l'instruction primaire, soit sous forme de dégrèvements, soit sous forme d'une allocation, d'une ristourne. On a donné vingt mille piastres en Cochinchine aux œuvres de gymnastique physique. Qui niera que la culture religieuse des indigènes, même envisagée du point de vue pragmatique d'une pure gymnastique spirituelle, ne fournisse, autant et plus que l'autre, nn gage d'ordre et de sécurité pour nous ?

Il me faut signaler, d'autre part, trois ou quatre desiderata locaux, négligés plus haut. Leur légitimité est tellement évidente qu'assurer les électeurs de mon zèle à les faire aboutir paraît presque superflu.

Au hasard de la plume, je cite : la question des sapèques. La baisse du change des ligatures est, dans une notable partie de l'Annam, un facteur important de la vie chère. Survenant au moment du paiement des impôts, elle est un désastre pour le dân. Le remède me semble dans une prise en main plus officielle de ce marché de change et, ce qui serait tout comme, dans une stabilisation précise en ce qui concerne l'emploi des ligatures pour le règlement des impôts.

La suppression des péages de bacs. Peut-on imaginer anachronisme et illogisme semblables ? Les T. P., qui me doivent des routes et des ponts, me font payer là précisément où ils n'ont pas fourni ce qu'ils devaient.

Les travaux du port de Bên-thuy. Ils marqueront une date dans l'histoire économique de l'Annam. Comme M. Lefévre (1), comme tout observateur tant soit peu réfléchi, j'ai une foi absolue dans l'avenir évident de Vinh. Vinh-Bênthuy, c'est l'inverse de Tourane. Vinh-Bên-thuy, c'est un port à face terrienne privilégiée — l'emporium prédestiné de près du quart de l'Indochine — et à face maritime ingrate. Il faut, sans hésiter, consentir de grands sacrifices pour rendre Vinh accessible aux forts tonnages.

Vient enfin la question des Banques. Mainte cité de l'Annam, qui grandit tous les jours, réclame à juste titre son agence bancaire. Peut-être nous faisons-nous une idée trop fastueuse, trop solennelle de ce que doit être un tel établissement. Pour débuter, un Européen et trois ou quatre indigènes y suffiraient. Puisque le renouvellement du privilège de la Banque d'Indochine n'est pas venu devant le Parlement, avant

---

(1) Du moins il me l'a dit.

la fin de la législature, le moment est propice pour aborder ces questions. A défaut d'agences, il faudrait au moins obtenir la création des chèques postaux, en reprenant avec la B. I. les pourparlers engagés à ce sujet avec la B. 1. C. et qu'interrompit sa déconfiture.

Un mot enfin aux déposants de cette dernière. Je ne puis reprendre ici toute la matière de nos articles saigonnais. J'en résume à grands traits l'essentiel.

Selon moi, les déposants furent roulés dans le règlement transactionnel. Je ne puis aujourd'hui leur donner qu'un conseil : « Gardez vos bons de répartition. N'acceptez pas l'échange insidieux contre les bons dits à de l'indemnité des Boxers. Il y a 99 chances sur 100, pour que celle-ci ne soit pas plus payée dans l'avenir qu'elle ne le fut dans le passé. Elle n'est gagée sur rien de solide. Au reste, l'expérience est faite. Elle court depuis plus d'un an et pas un cent n'en est encore versé. M. de Monpezat se moque de vous quand il vous dit que l'Etat français paiera. Il feint d'ignorer la déclaration contraire formelle du ministre à la Commission sénatoriale des finances Les déposants n'ont qu'une voie de salut, et je vais la leur indiquer. Le règlement transactionnel l'a délibérément laissée dans l'ombre. La voici. Les concessions de chemin de fer, propriété de la B. 1. C — Yunnanfou-Yang-tse, Yunnanfou-côte du Kouang-tong — ont gagé un prêt de dix millions de GOLD DOLLARS au gouvernement chinois. Elles deviennent caduques, si l'emprunt est remboursé. Or, actuellement, le gouvernement du Yunnan — le maréchal Tang — est fortement sollicité par un groupe américain puissant — il obtint déjà la concession des mines d'étain de Kok-léou, pour lesquelles nous restâmes cinq ans en vains pourparlers — sollicité pour se substituer au gouvernement central dans ce remboursement, eux, les Américains, fournissant les fonds et héritant des concessions. Si l'affaire aboutit, ce sont plus de 250 millions de francs qui reviennent à l'actif de la Banque et dont on a négligé de prévoir expressément le remploi. C'est là-dessus que doivent porter tous les efforts des déposants. Obtenir que cet argent soit versé intégralement à eux, et n'aille pas grossir la boule, plus ou moins exposée à fondre, que roule la Société de gérance ».

Quelques-uns me reprocheront peut-être d'avoir insisté longuement sur une critique et un programme d'ordre général, négligeant le détail de ces préoccupations particulières diverses. A ceux-ci, je répondrai: «Quand une plaie siphylitique ronge la jambe, c'est dans l'estomac qu'on fourre le mercure. Les maux locaux dont vous croyez souffrir sont les symptômes d'une infection générale ; c'est celle-là qu'il faut guérir. Rien n'est plus condamné que la médecine qui soigne directement les symptômes. Coupez, brûlez les racines, et les feuilles tombent. A l'opposé, la santé des membres découle de celle du corps. Quand vou aurez, par exemple, des assemblées élues, la gabegie, la politique anti-française, l'autocratisme tomberont d'eux-mêmes, comme des fruits pourris, de l'arbre vivifié.

Il n'est pas mauvais cependant d'examiner d'un peu près le mécanisme de cette régénérescence.

Les moyens d'action du délégué. — Le délégué selon moi, doit être très radical dans son programme et très opportuniste dans ses méthodes de réalisation. Un total de petites revendications particularistes (1), dont l'aboutissement est fonction de mille contingences, ne constitue pas l'essentiel du programme. L'essentiel, c'est l'esprit avec lequel elles seront abordées et c'est la volonté qu'on a de les aborder. On ne saurait se dissimuler que les moyens d'action du délégué sont constitutionnellement plus négatifs que positifs. En trouver de positifs est affaire de sa valeur propre, valeur personnelle et valeur sociale. De ma valeur personnelle, vous n'attendez pas que je vous parle. Je n'ai pas le goût de M. de Monpezat pour le « moi » haïssable, pour les « je ... je... je... » roulant en feux de salve. Mais je peux vous dire un mot de ma valeur sociale, des poids d'emprunt que je peux mettre dans mon plateau de la balance. Supposons que M. Sarraut refuse de se laisser convertir, supposons qu'il lui prenne fantaisie de traiter son Conseil supérieur comme M. Long son conseil permanent. Quels recours s'offrent au délégué ? Deux : l'opinion publique et le Parlement.

L'opinion publique, il est trois voies pour l'atteindre, trois jeux de ressorts pour ébranler son inertie : la conférence, la presse quotidienne, celle des journaux, et la presse périodique, celle des revues. La conférence n'est qu'un moyen de fortune, d'une efficacité minime. J'espère néanmoins vous avoir prouvé que, le cas échéant, je ne serais pas embarrassé de m'asseoir devant le verre d'eau sucrée. La presse quotidienne, il est sage de ne pas garder trop d'illusions sur elle. Celle qui est spécifiquement coloniale est toute ou à peu près toute alimentée par des rebrides ministériels. L'autre, la grande presse parisienne, qui se dit volontiers l'avant-garde de la pensée française, n'est hélas ! qu'une armée de cuisines roulantes, où toute cuillerée de sauce est à vendre au prix fort. Il reste cependant, pour s'y glisser, l'entregent professionnel, la sociabilité, la camaraderie, la valeur marchande de sa plume. Publiciste en plus d'une occasion, ayant gardé nombre de relations avec le personnel des grands journaux, comme le « Matin », le « Journal »... etc. où je plaçais des contes littéraires, je ne désespère pas de me voir ouvrir, autrement que par la clef d'or, ces portes étroites. Mais, à mon sens, le vrai véhicule de la pensée en France, c'est le périodique, c'est la grande revue. Qu'on se souvienne des deux articles sur l'Indochine publiés dans la « Revue de Paris », en 1901. Ils suffirent à faire la fortune politique du colonel Bernard ; et celle de Mr Doumer en reçut un coup dont elle ne se releva jamais complètement. Je peux dire, la modestie d'auteur étant hors de saison, que toutes, de la « Revue de France » au « Mercure », en passant par la « Revue des deux Mondes » par celle du « Mois » et par la « Grande Revue », sont ouvertes à ma signature. Mes romans au reste ont toujours paru d'abord dans la « Revue de Paris ».

---

(1) N'oublions pas que, sauf entre ses deux portes, l'Annam n'est pas même une entité géographique.

Quant à l'action parlementaire, elle est, comme la journalistique, fonction de votre sociabilité parisienne. Mes liens avec la capitale n'ont pas été rompus par mon séjour en Indochine. Je connais personnellement une vingtaine au moins de députés, et ce m'est l'occasion de rappeler aux Corses de l'Annam que mon beau-frère, Mr. D. Pugliesi-Conti, fut, pendant huit ans, un de leurs élus.

Enfin, je ne dois pas négliger, d'escompter dans les facteurs utiles d'une campagne éventuelle, la solidarité des anciens combattants (1).

C'est un avantage que Mr de Monpezat, j'imagine, ne me disputera pas.

Mais le ressort suprême, qu'il me soit permis de le répéter, c'est la foi, la foi des apôtres. La mienne est sûre ; elle sera invincible, si la vôtre est derrière elle !

C. V.

(1) M. Binet-Valmer, le président de la Ligue des Chefs de section, est un de mes amis personnels.

Imp. d'Extrême-Orient, Hanoi. — 6577. — 1000.

www.ingramcontent.com/pod-product-compliance
Lightning Source LLC
LaVergne TN
LVHW050639060726
842527LV00004B/1383